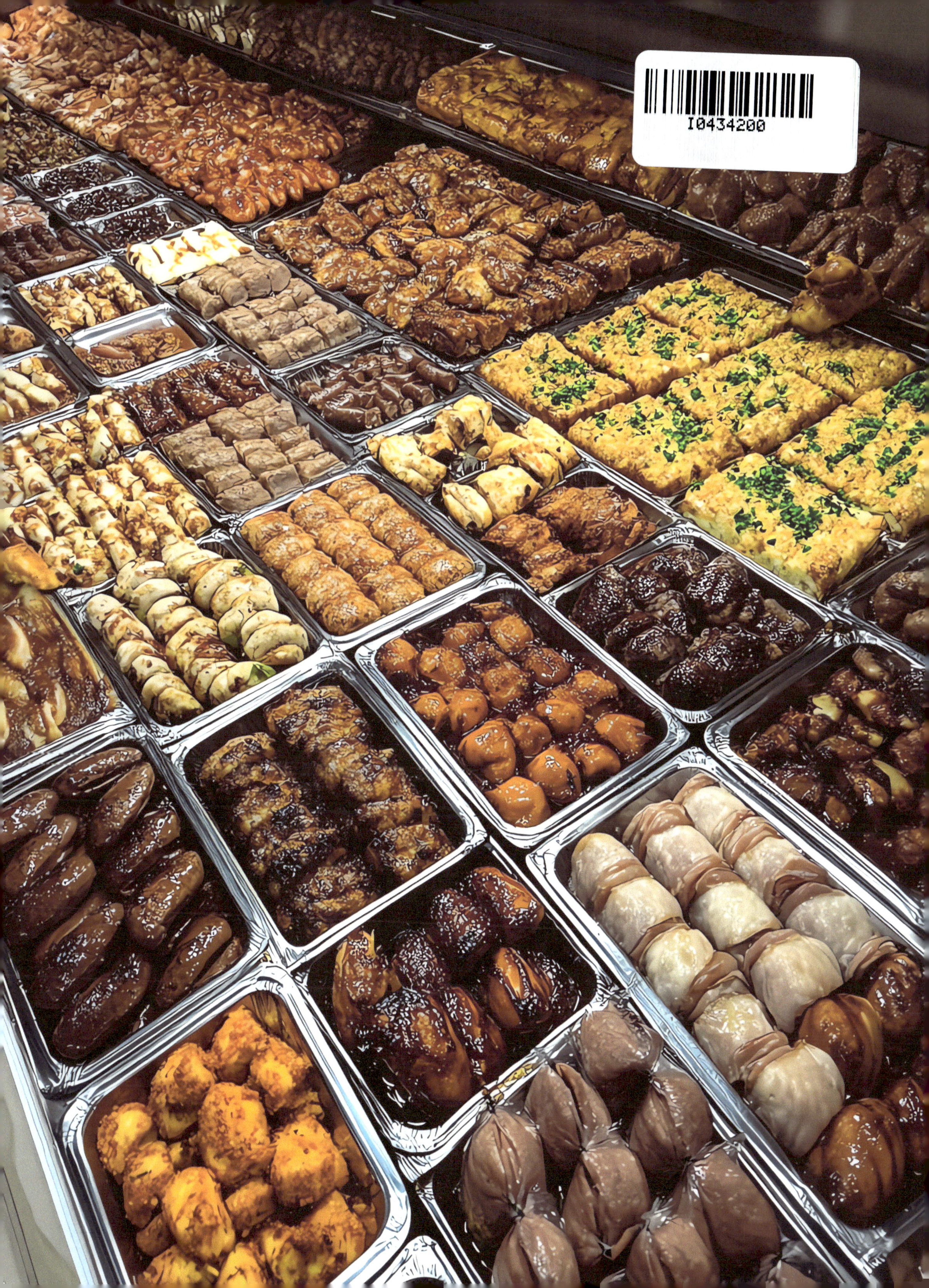

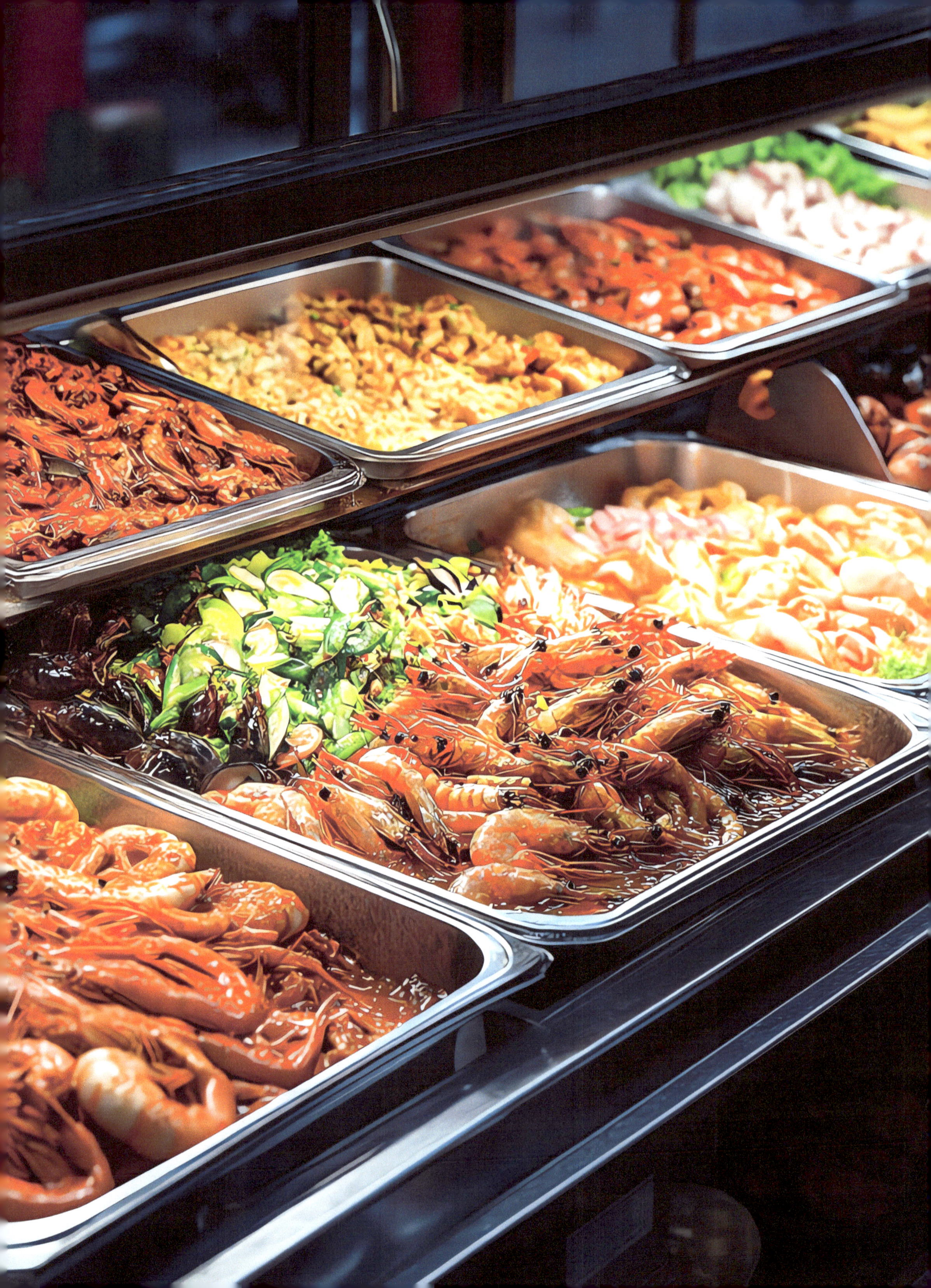

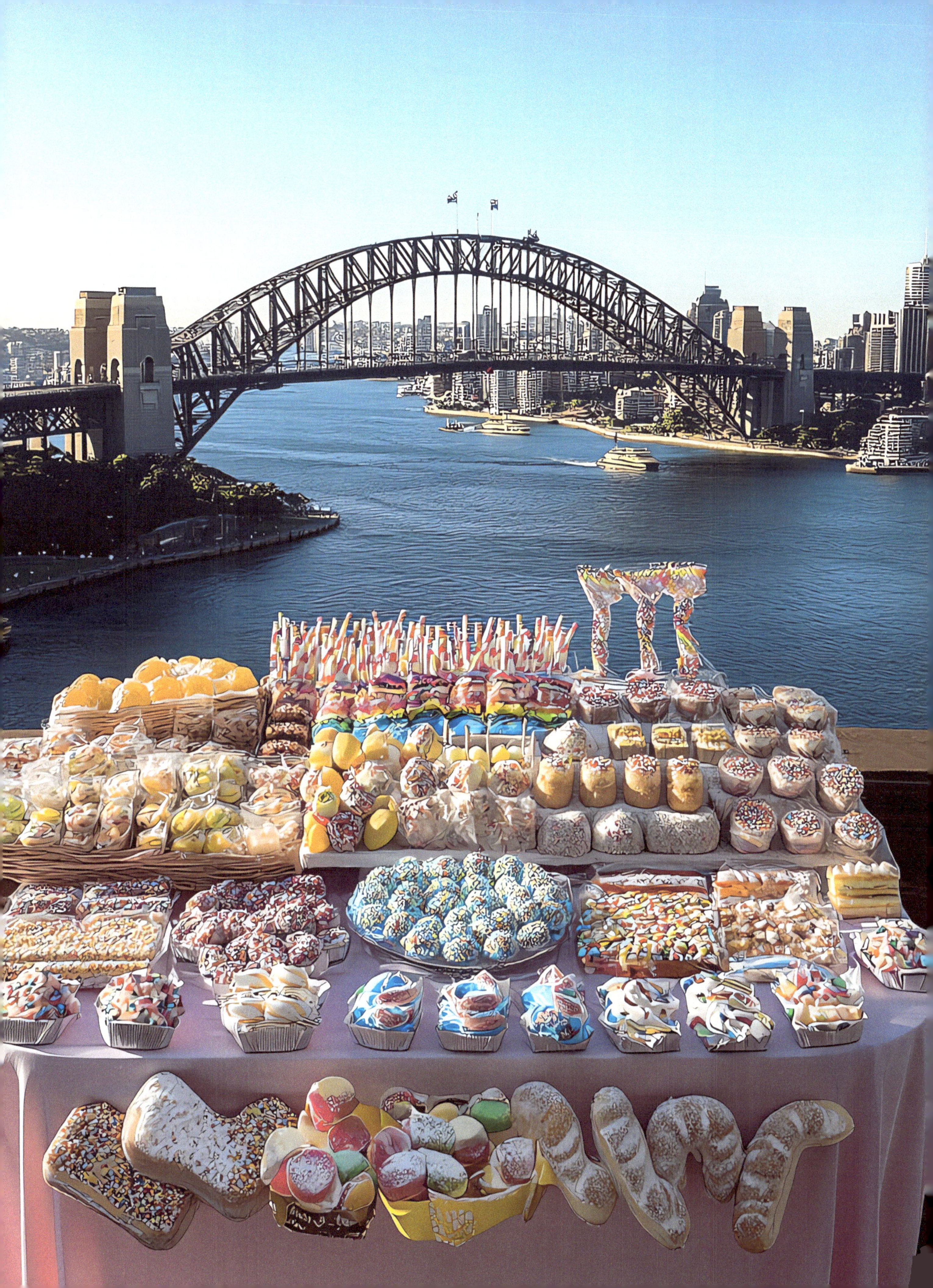

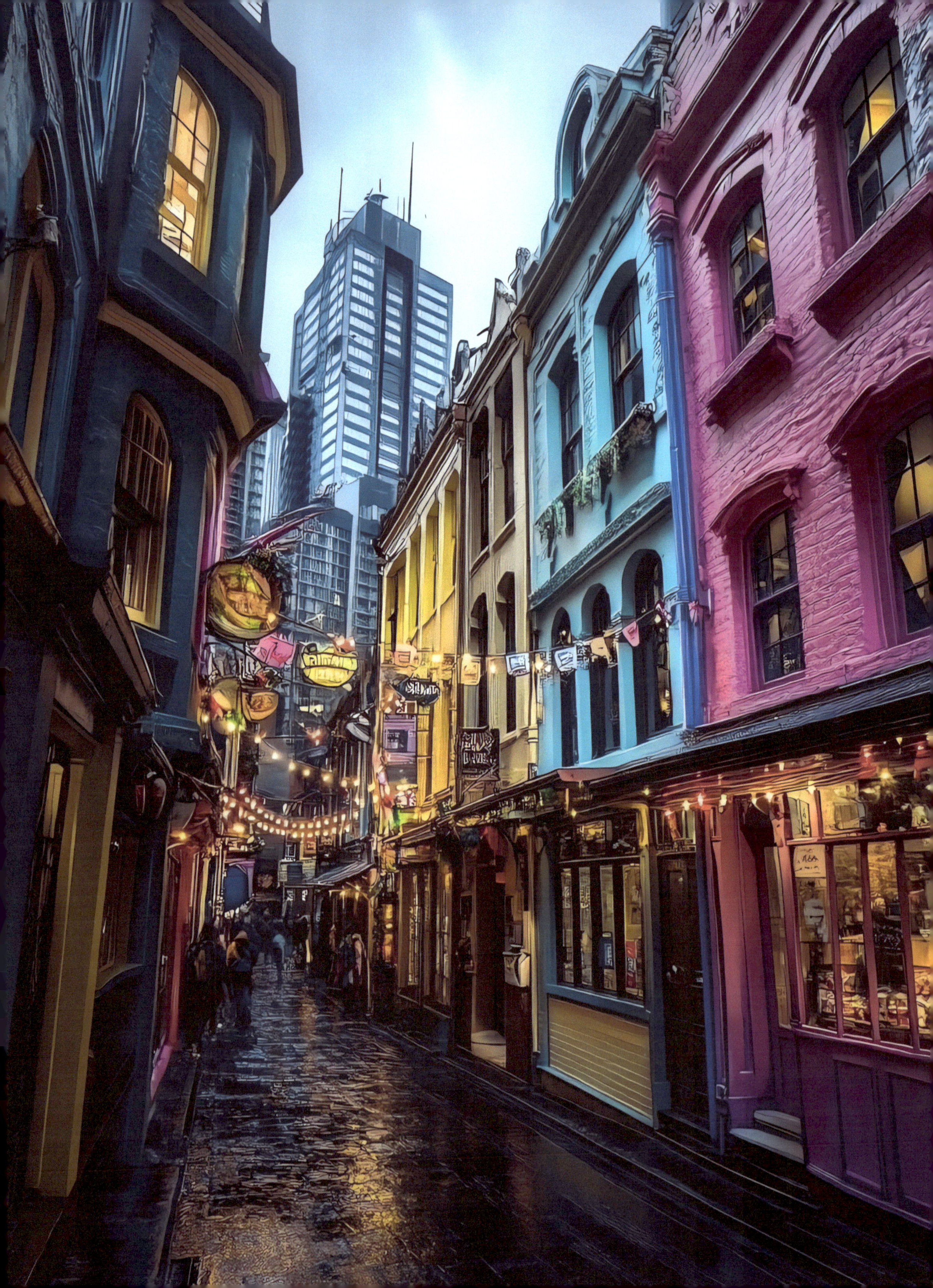

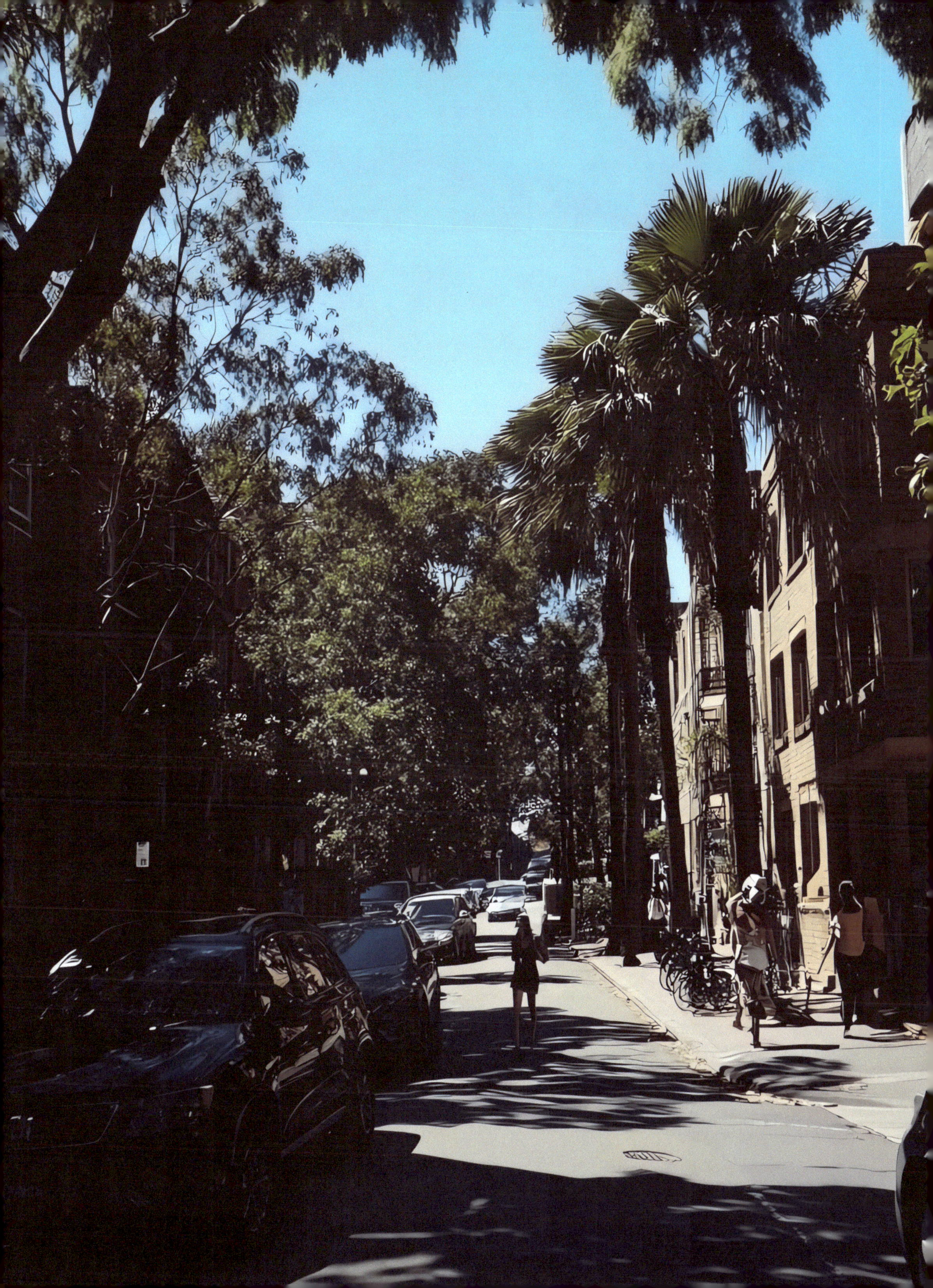

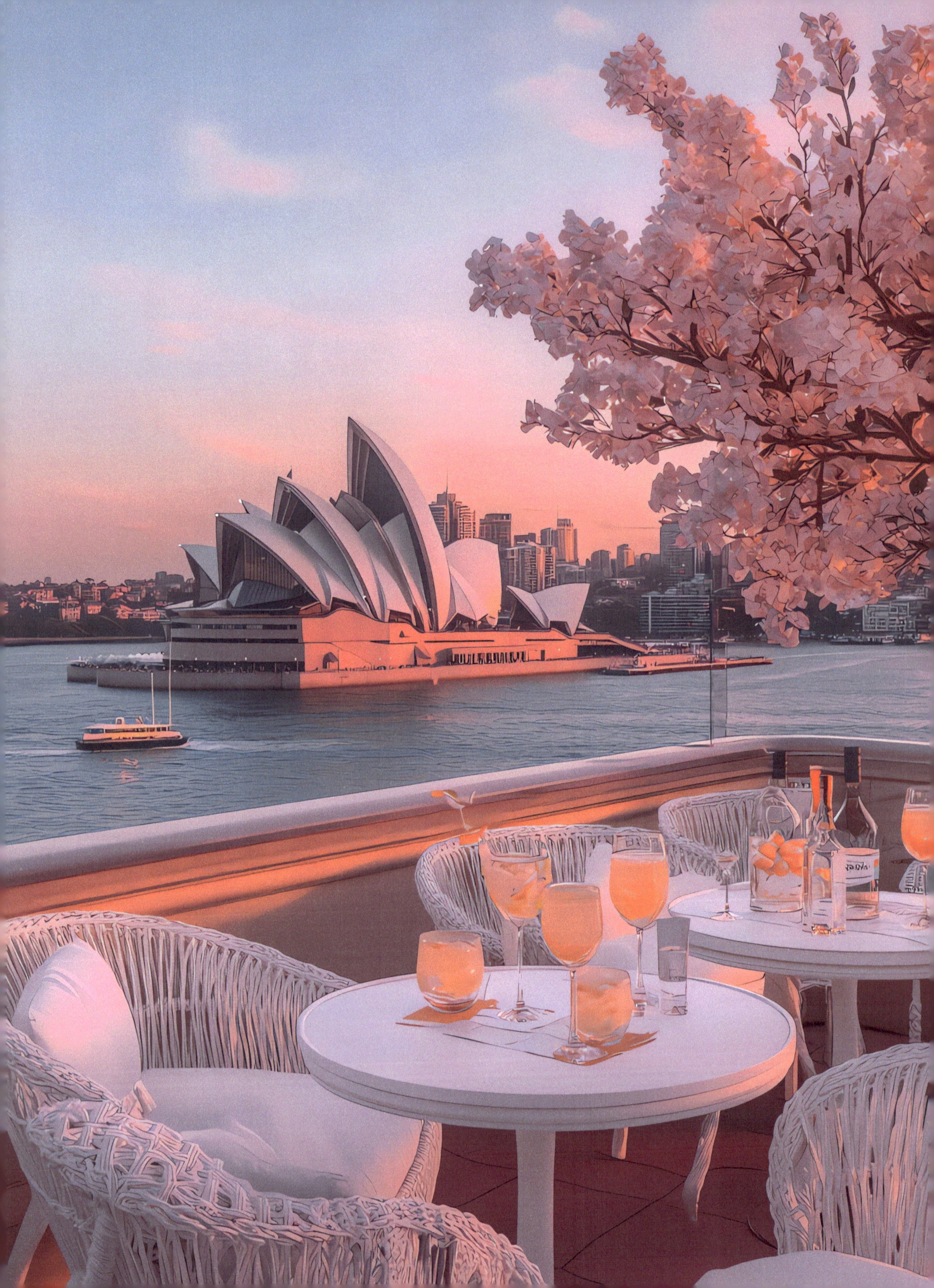

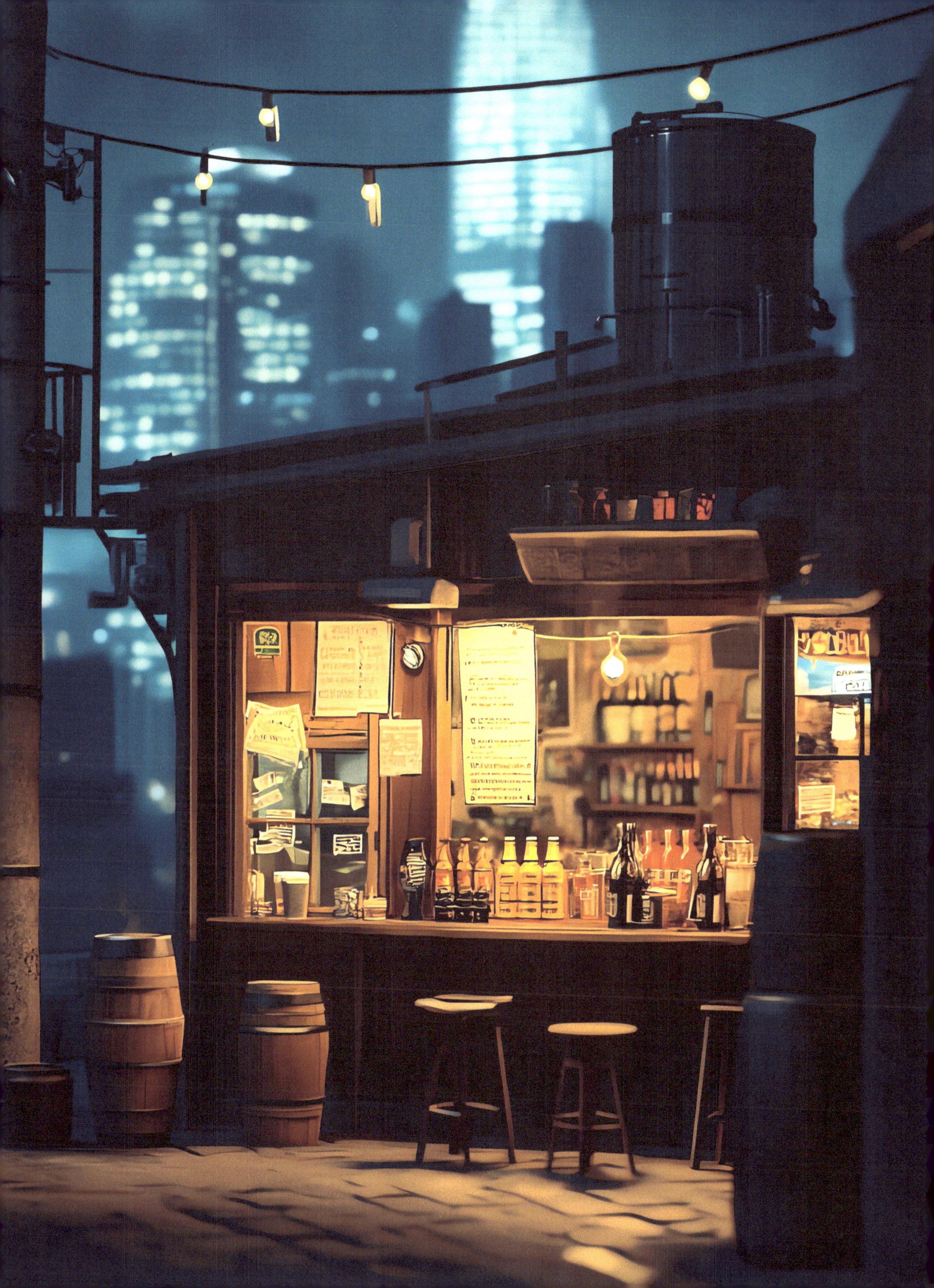

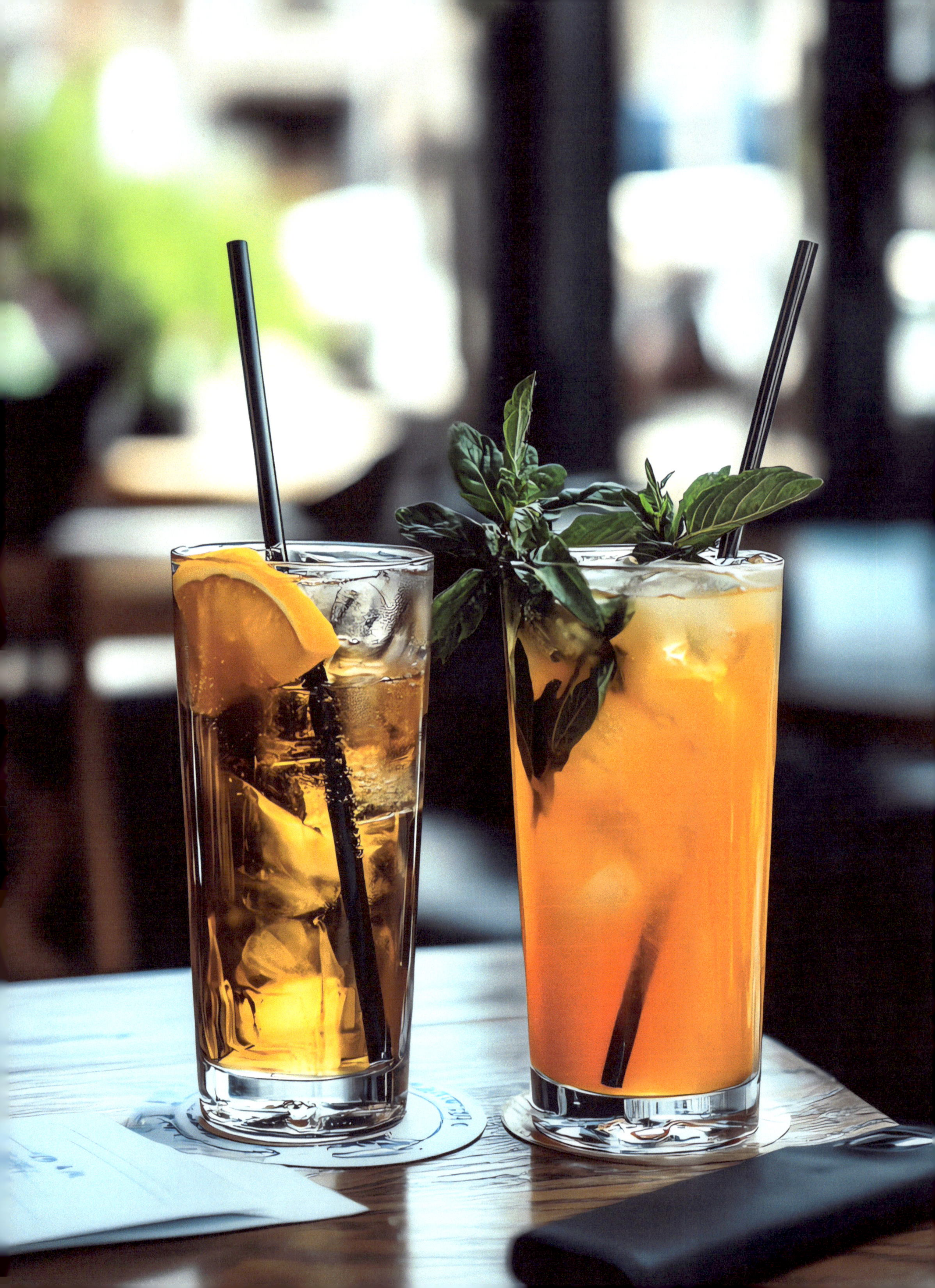

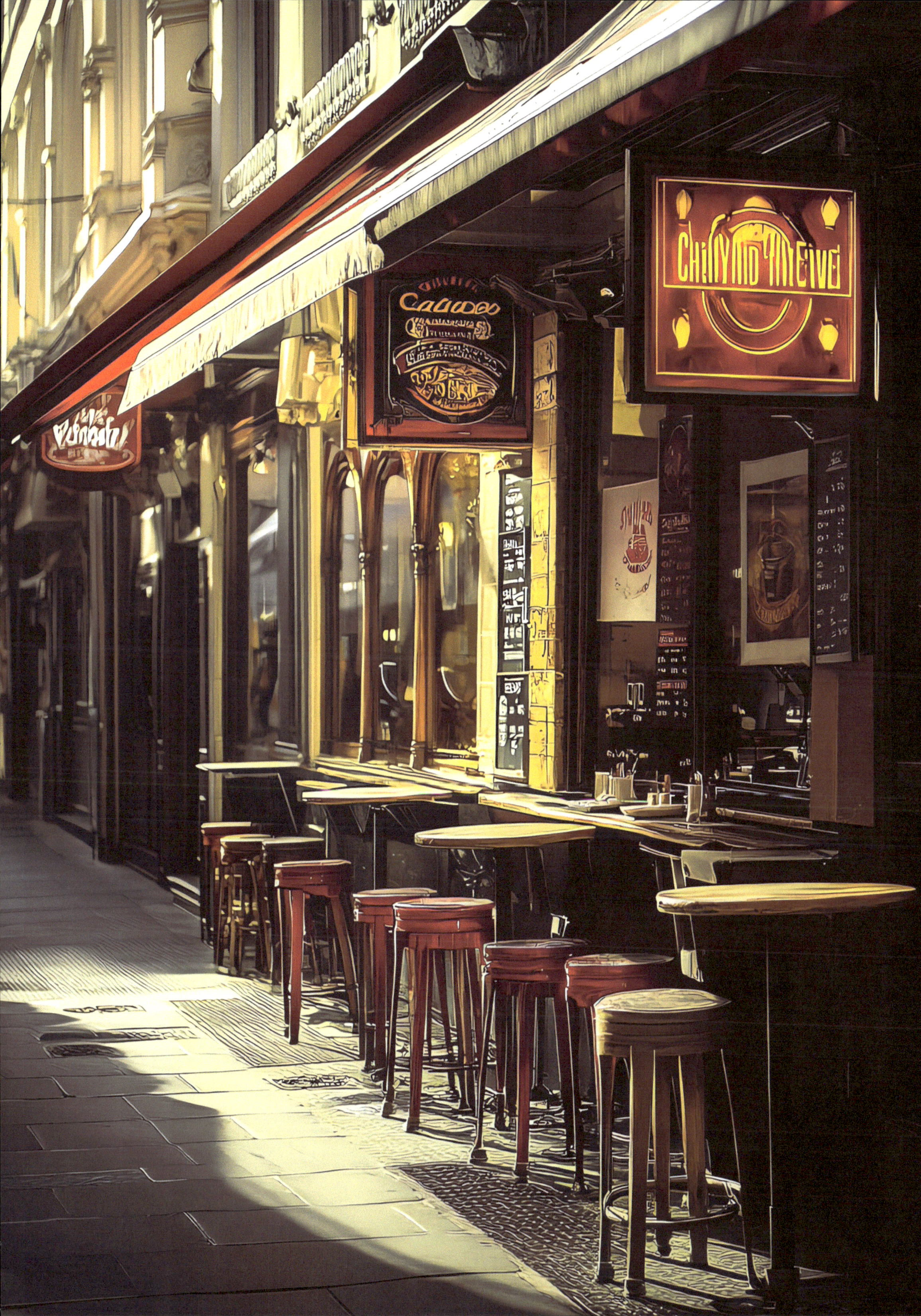

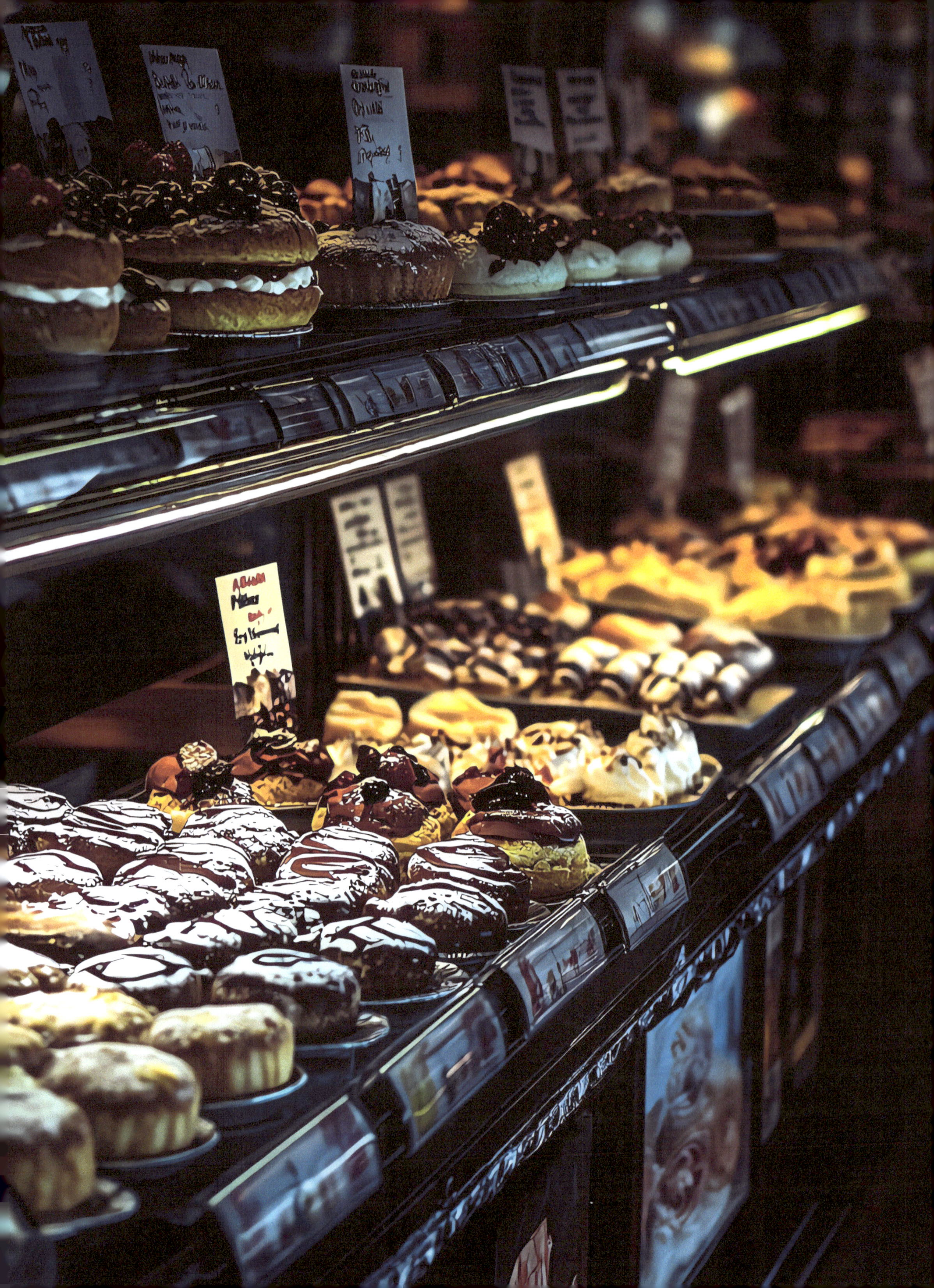

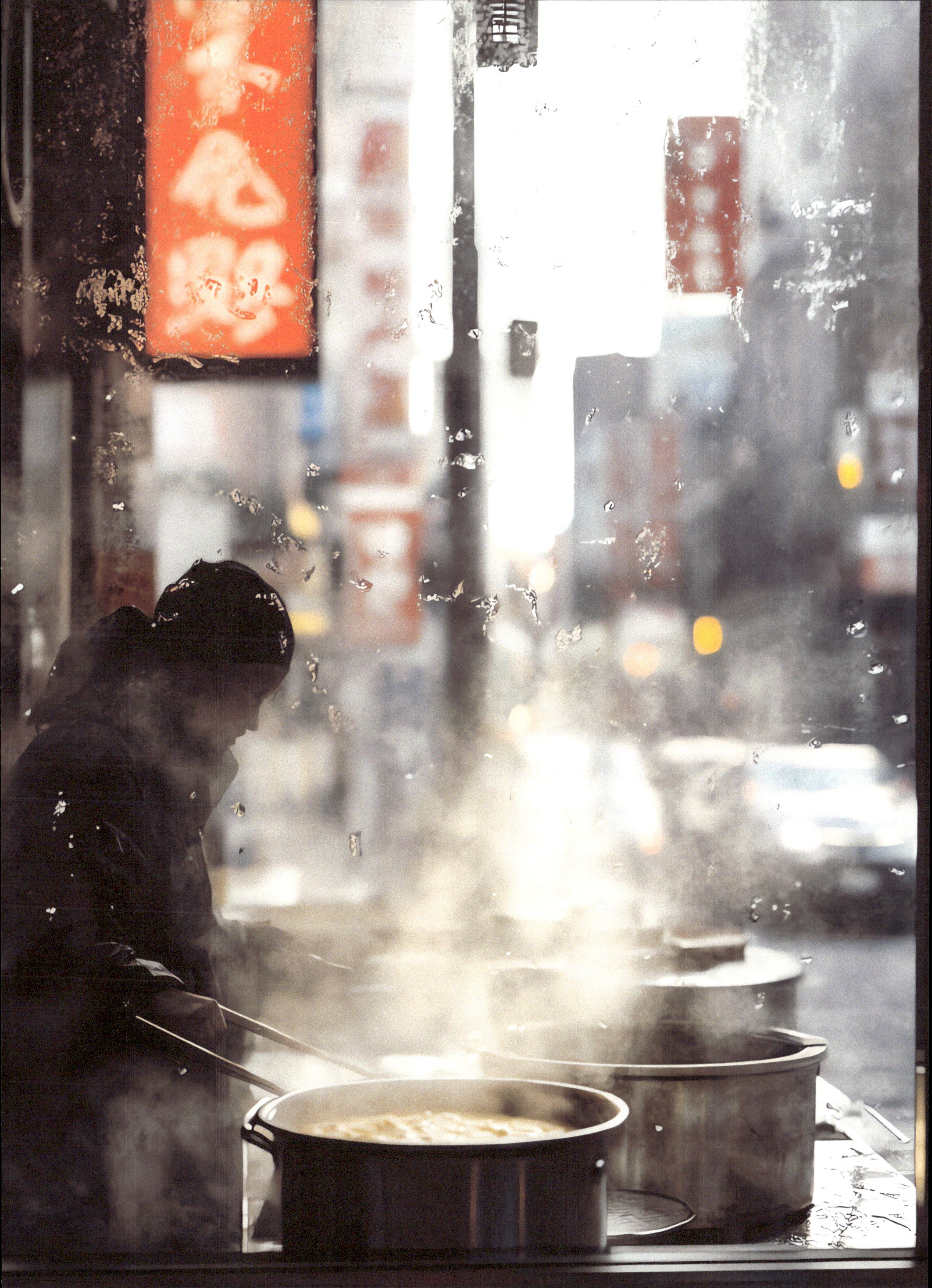

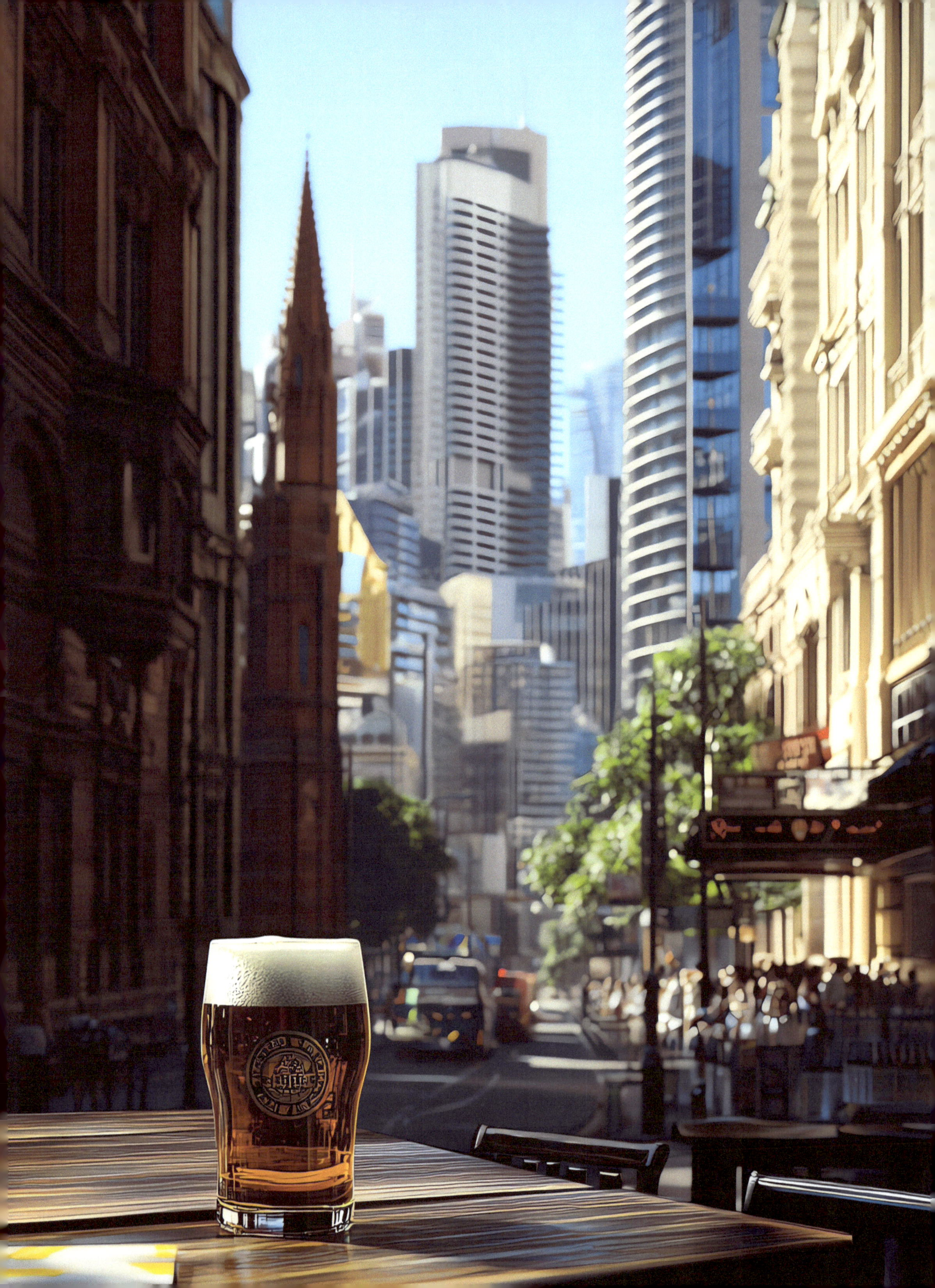

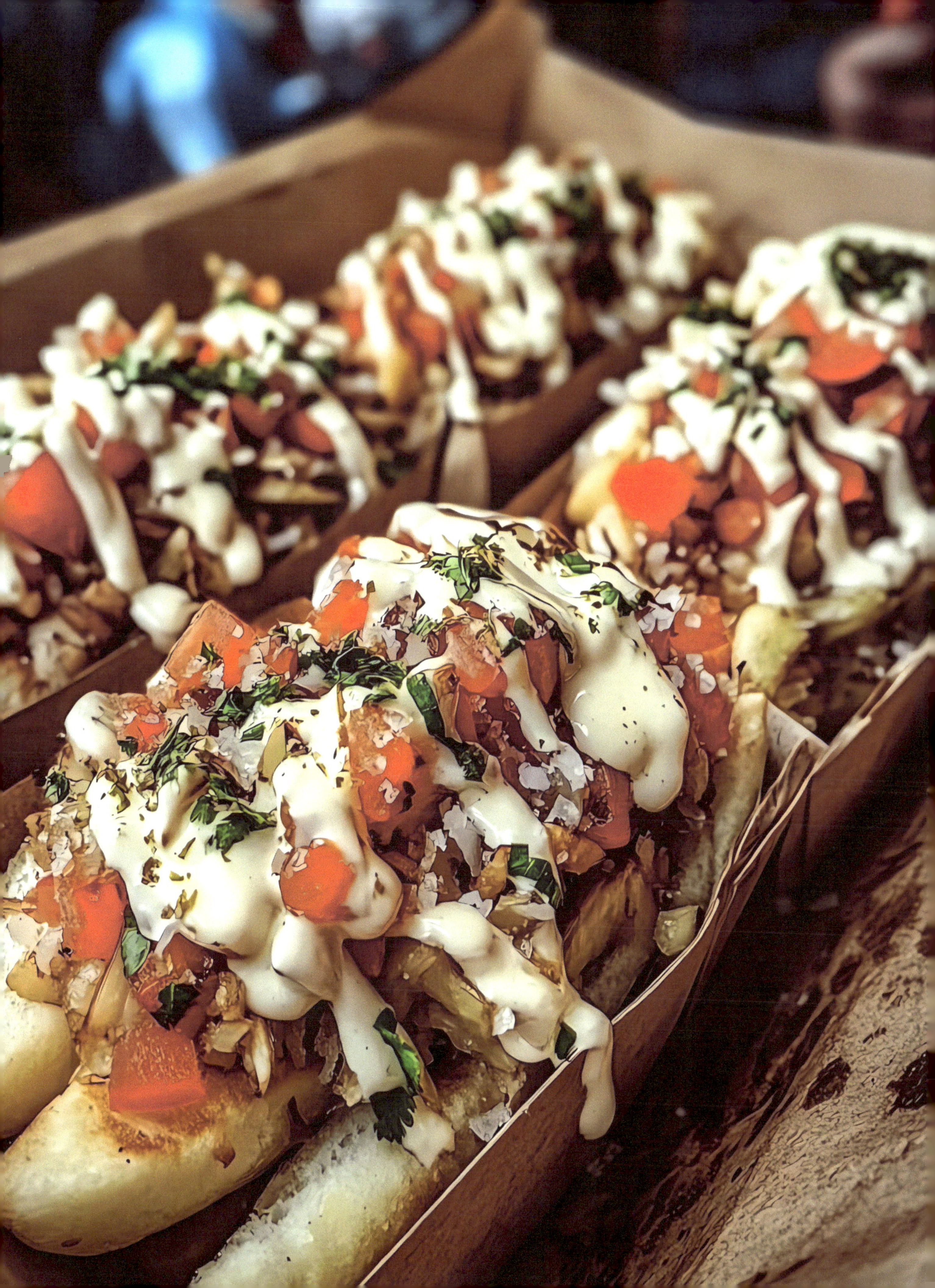

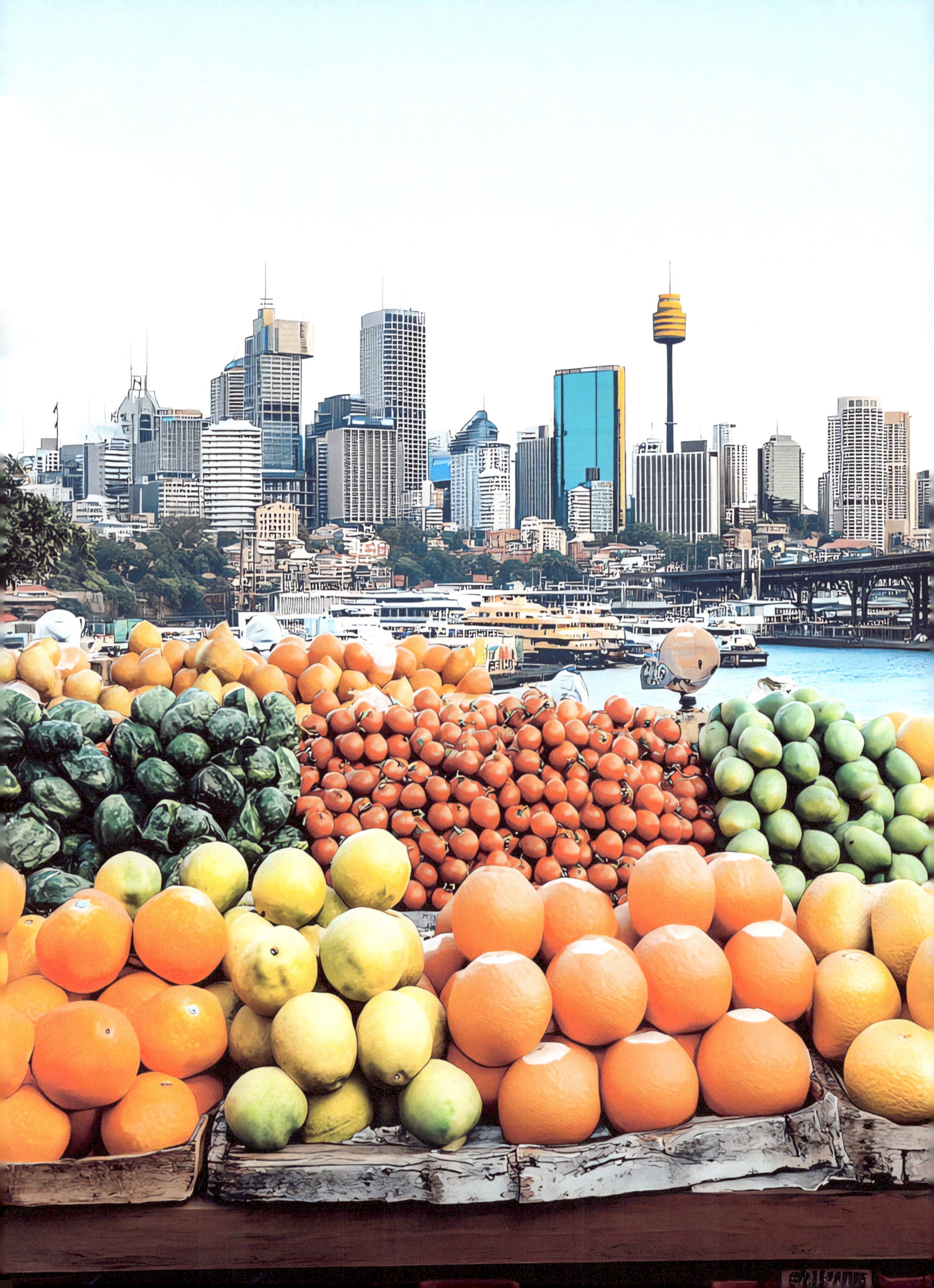

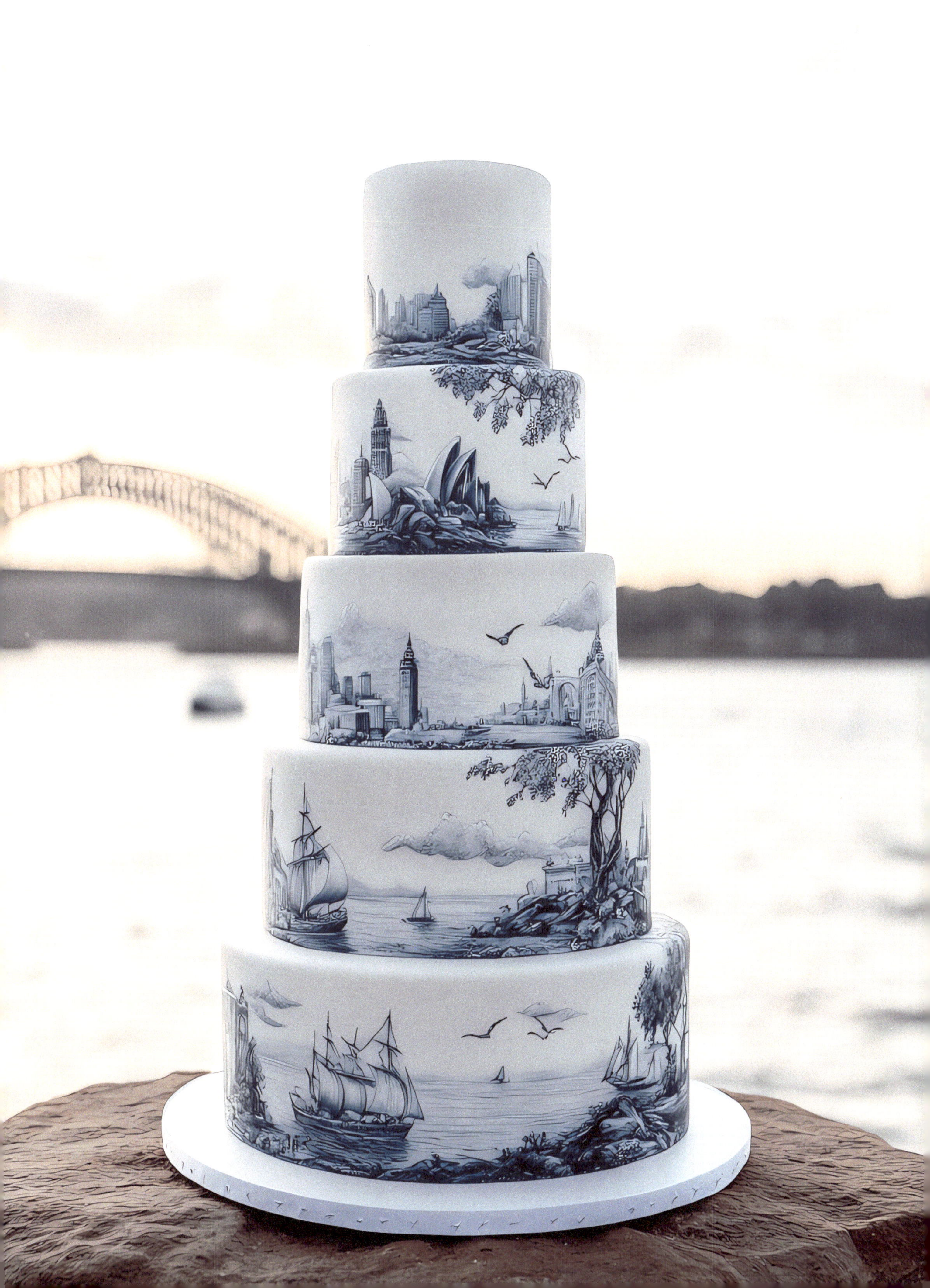

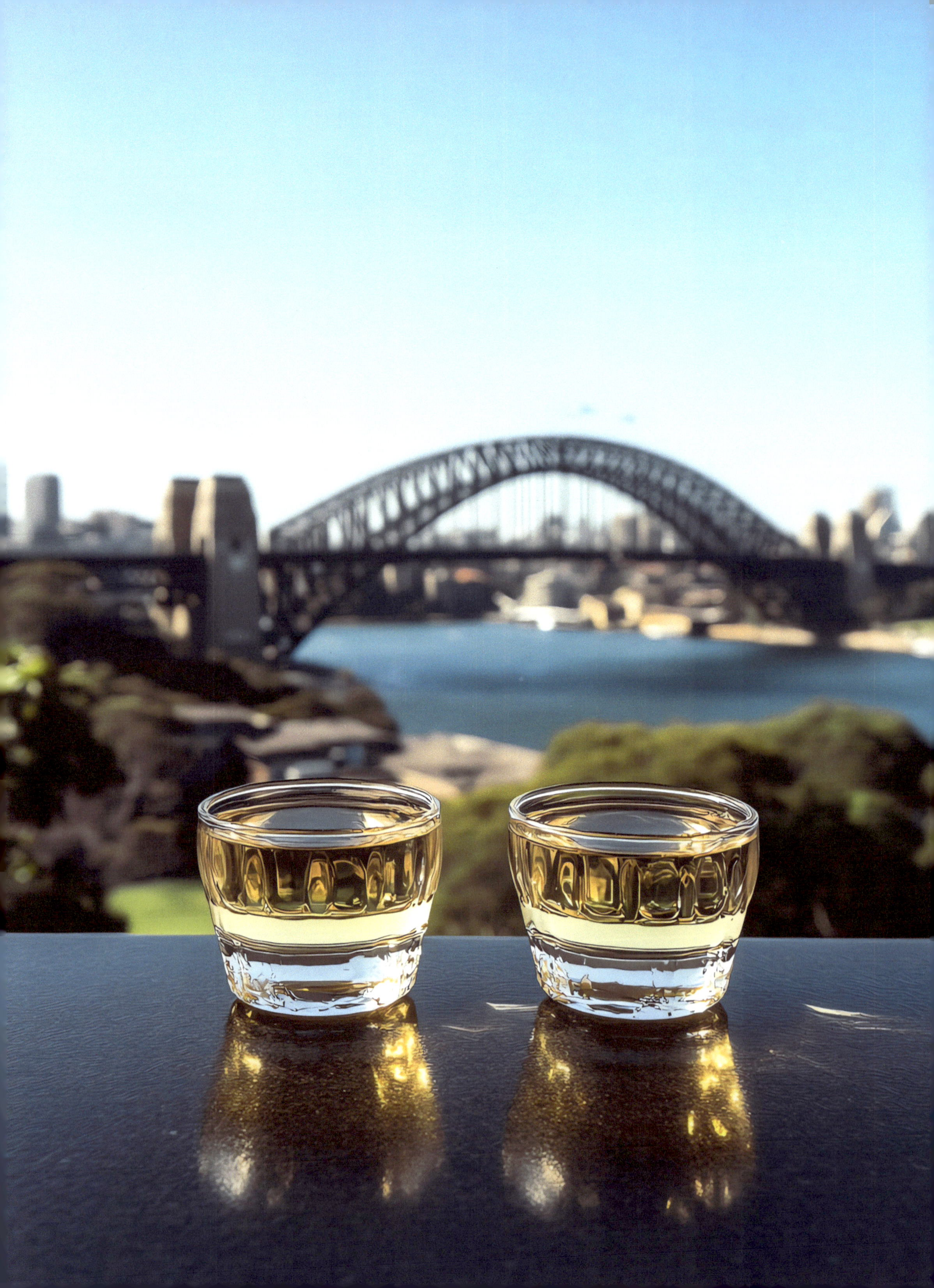

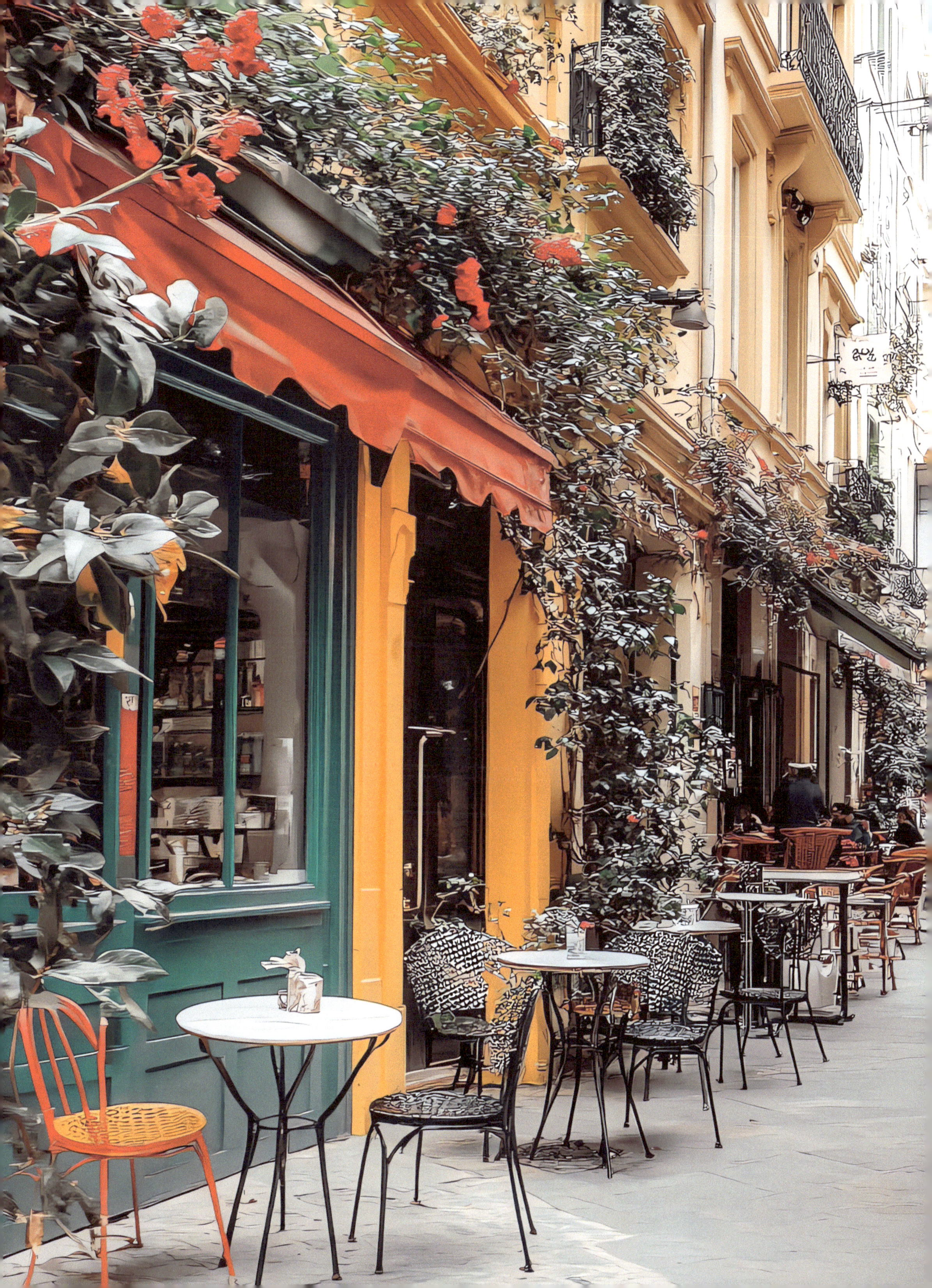

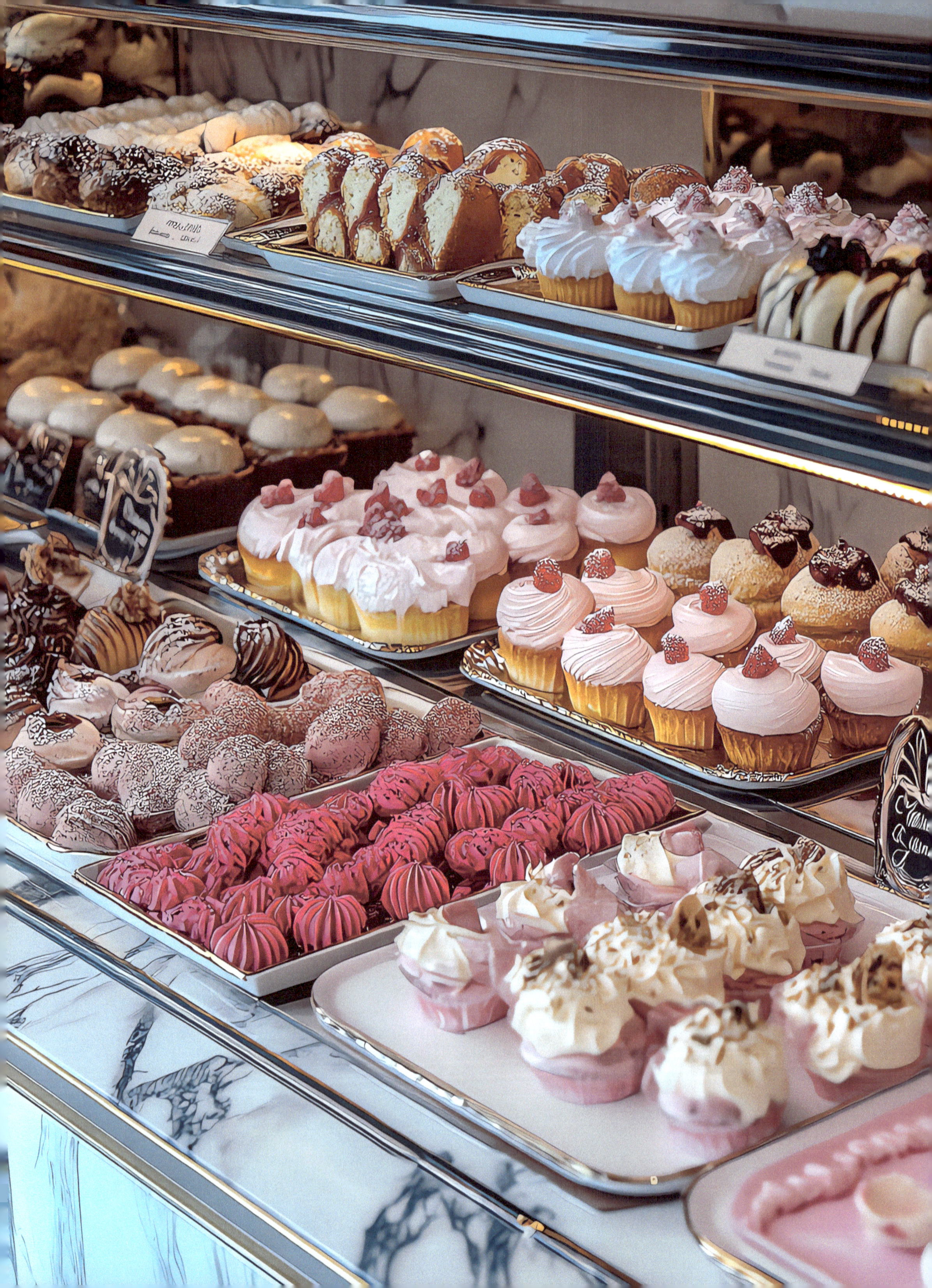

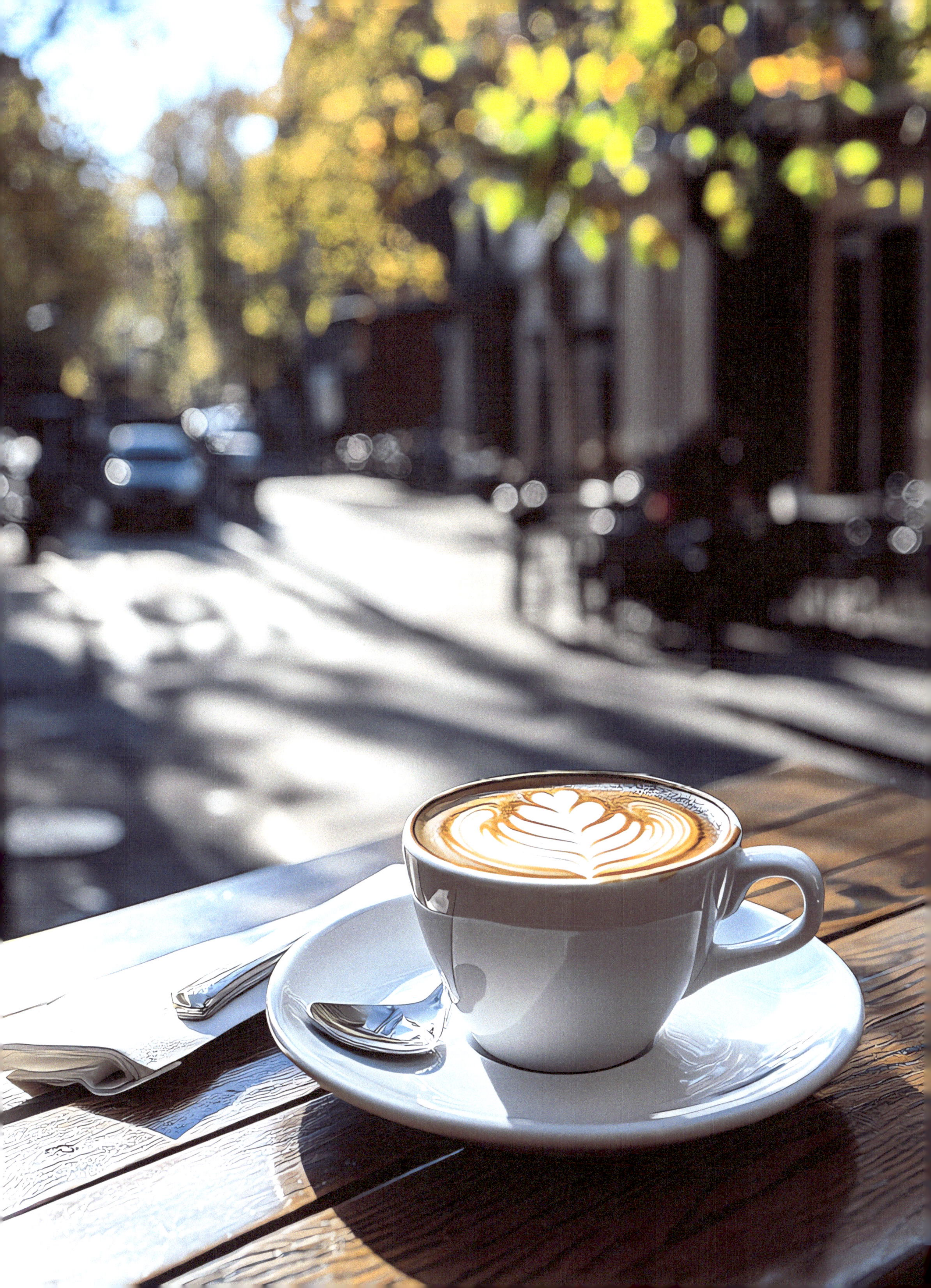

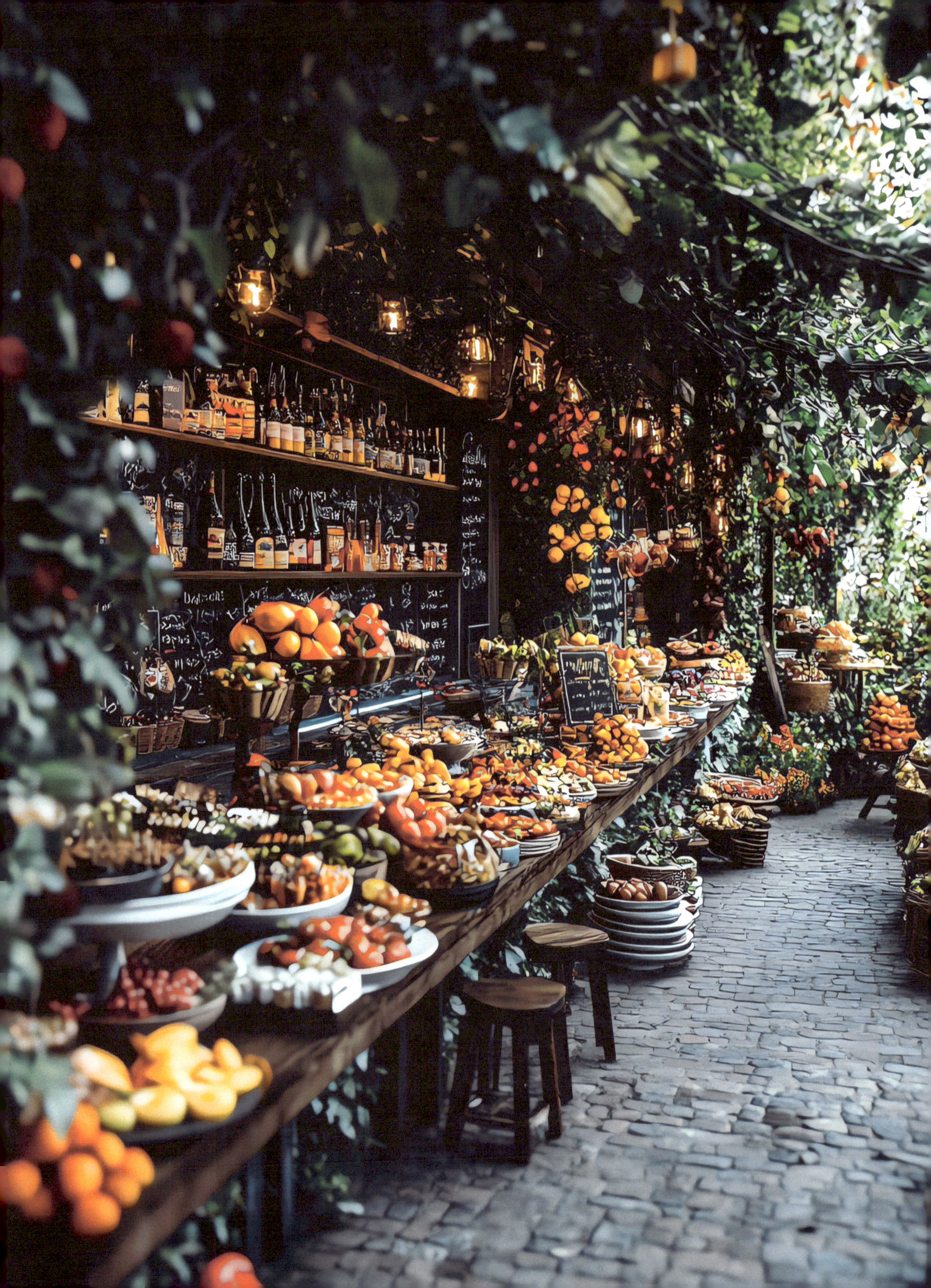

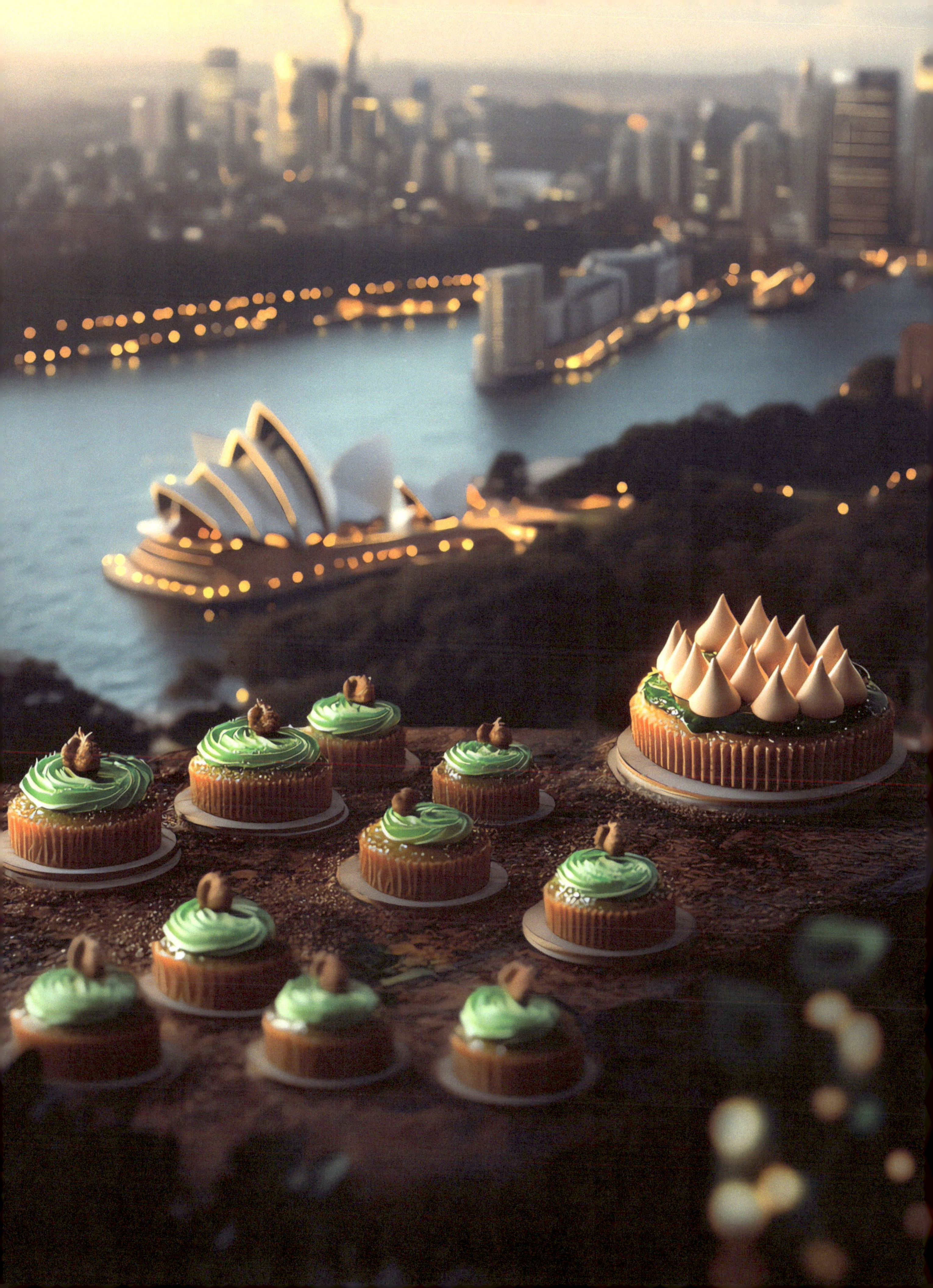

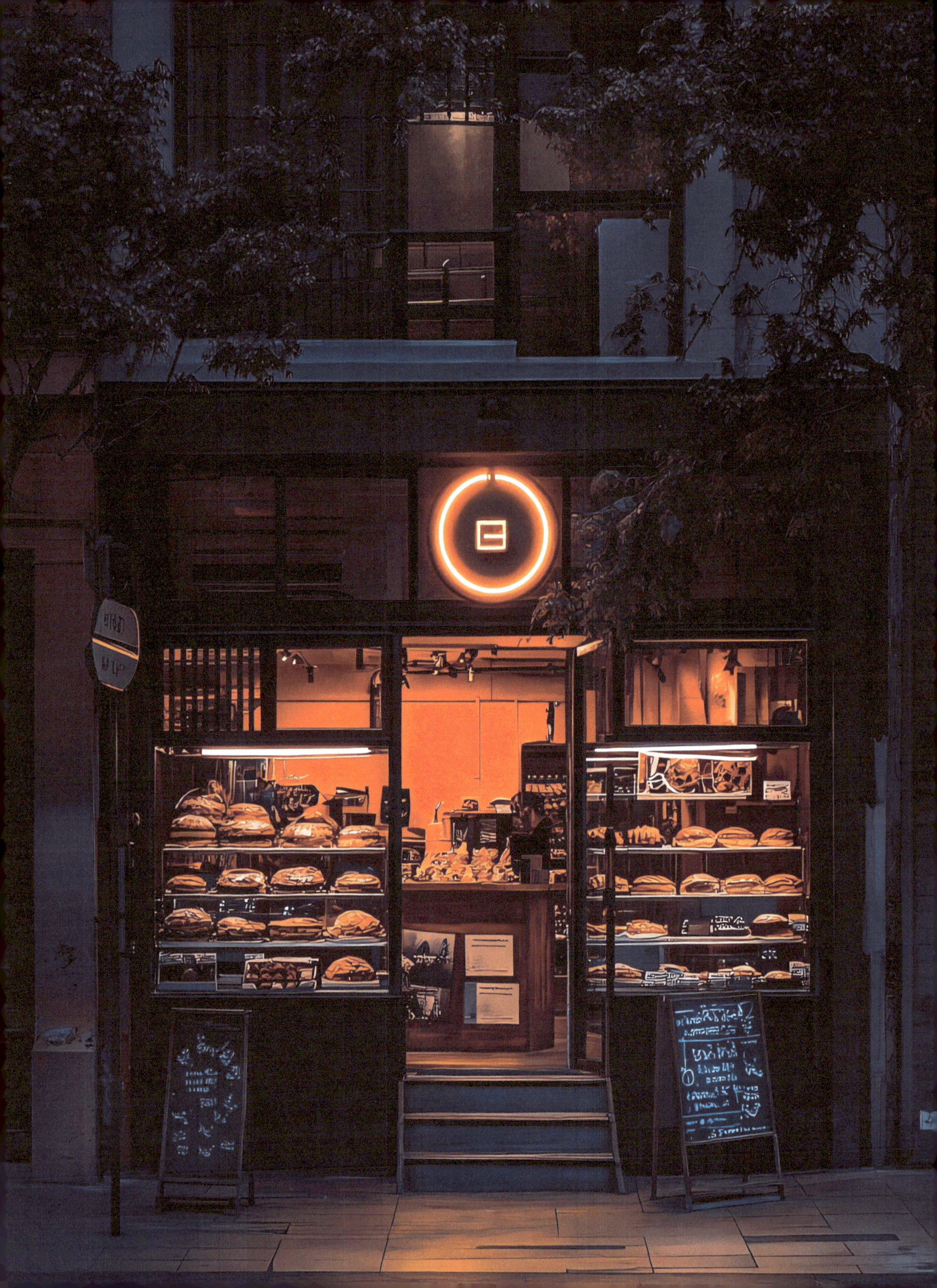

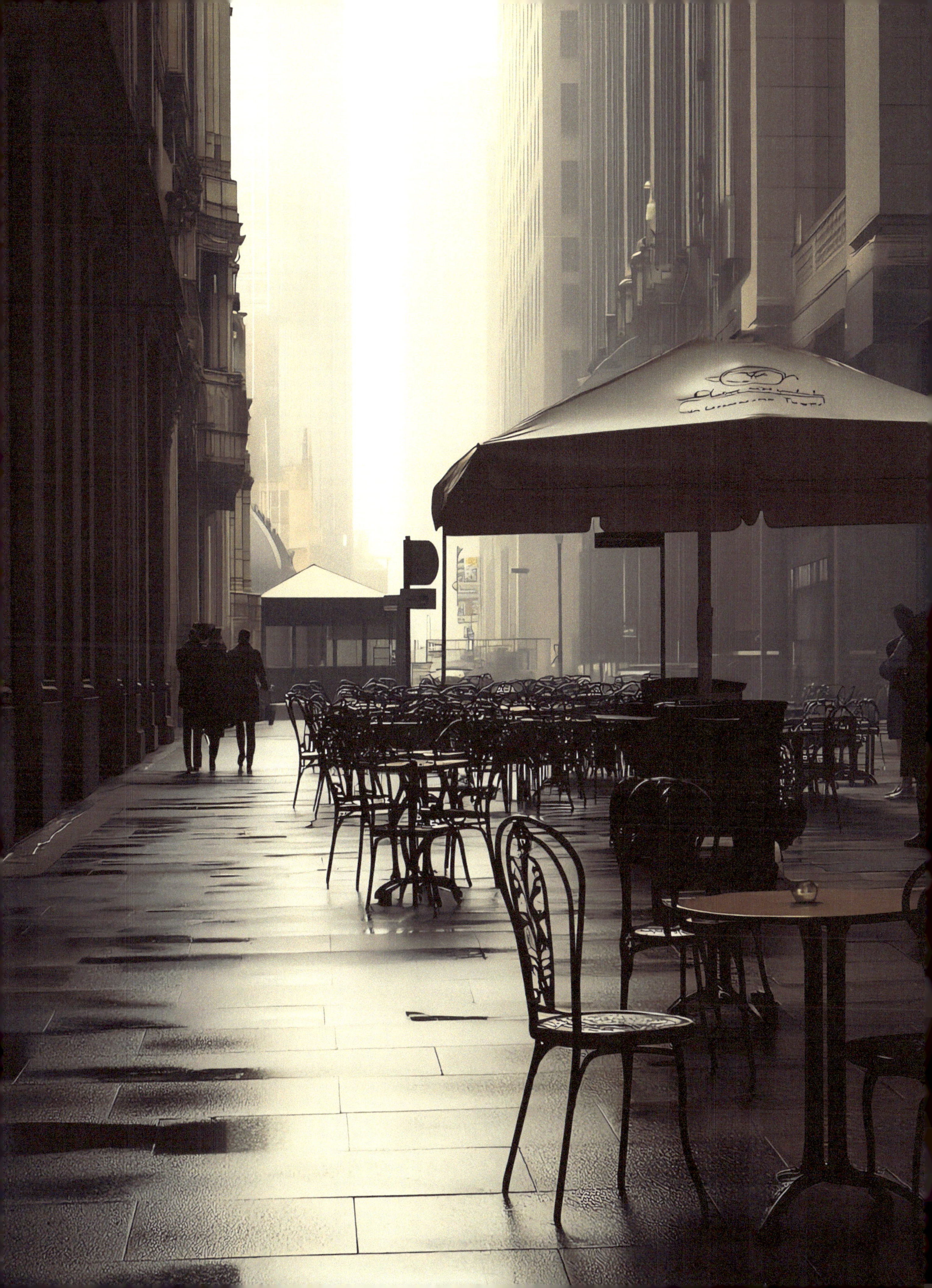

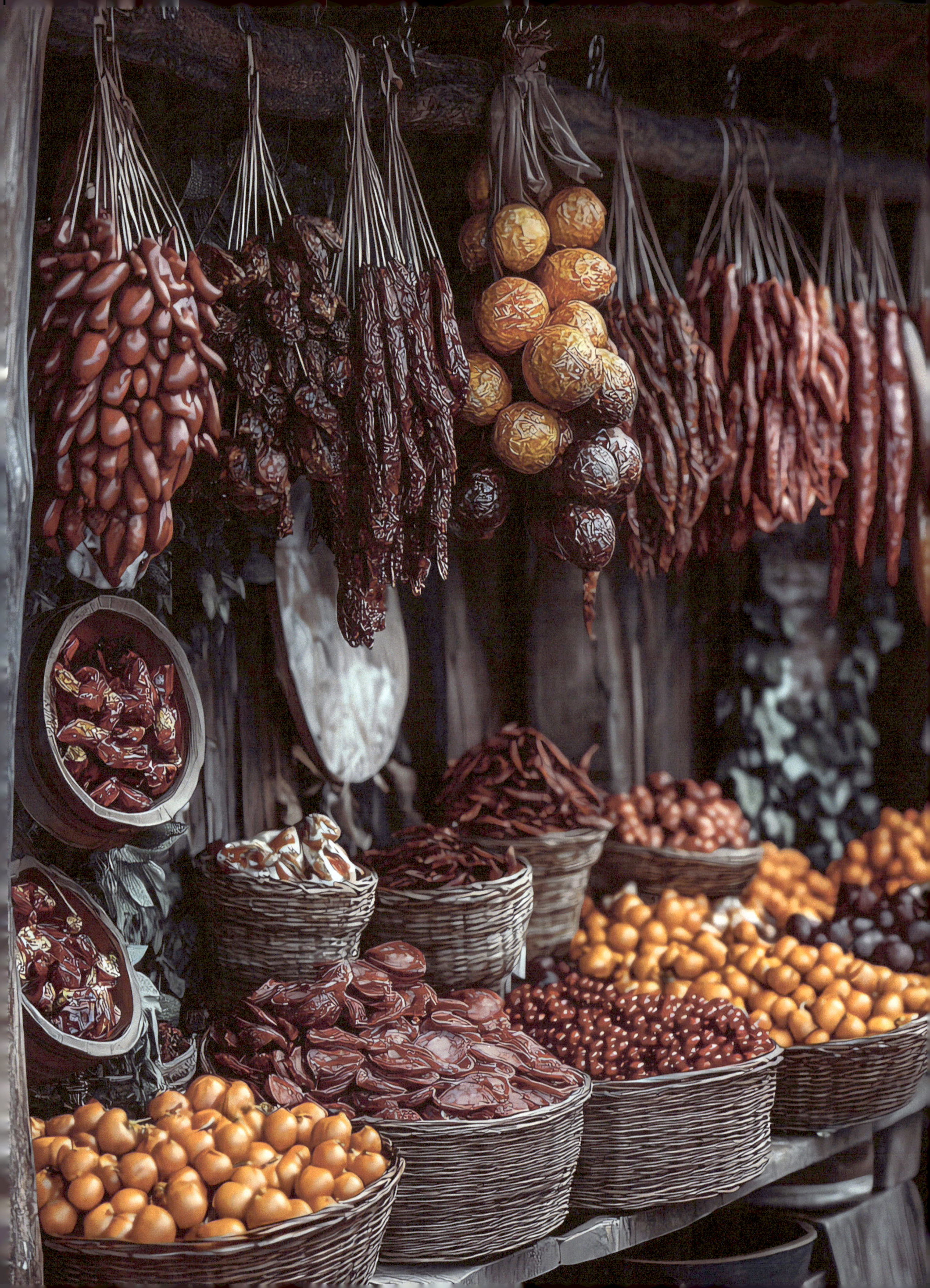

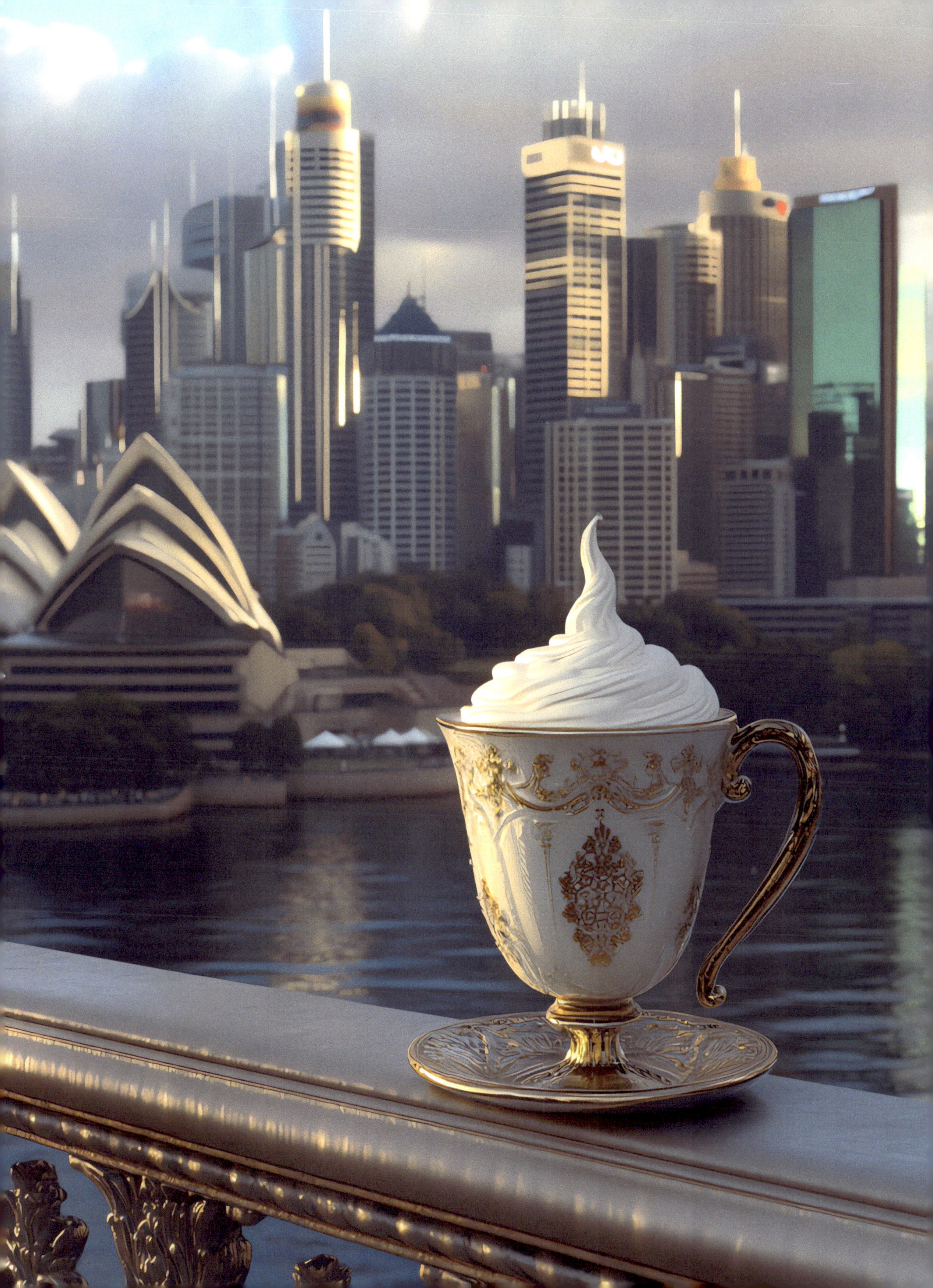

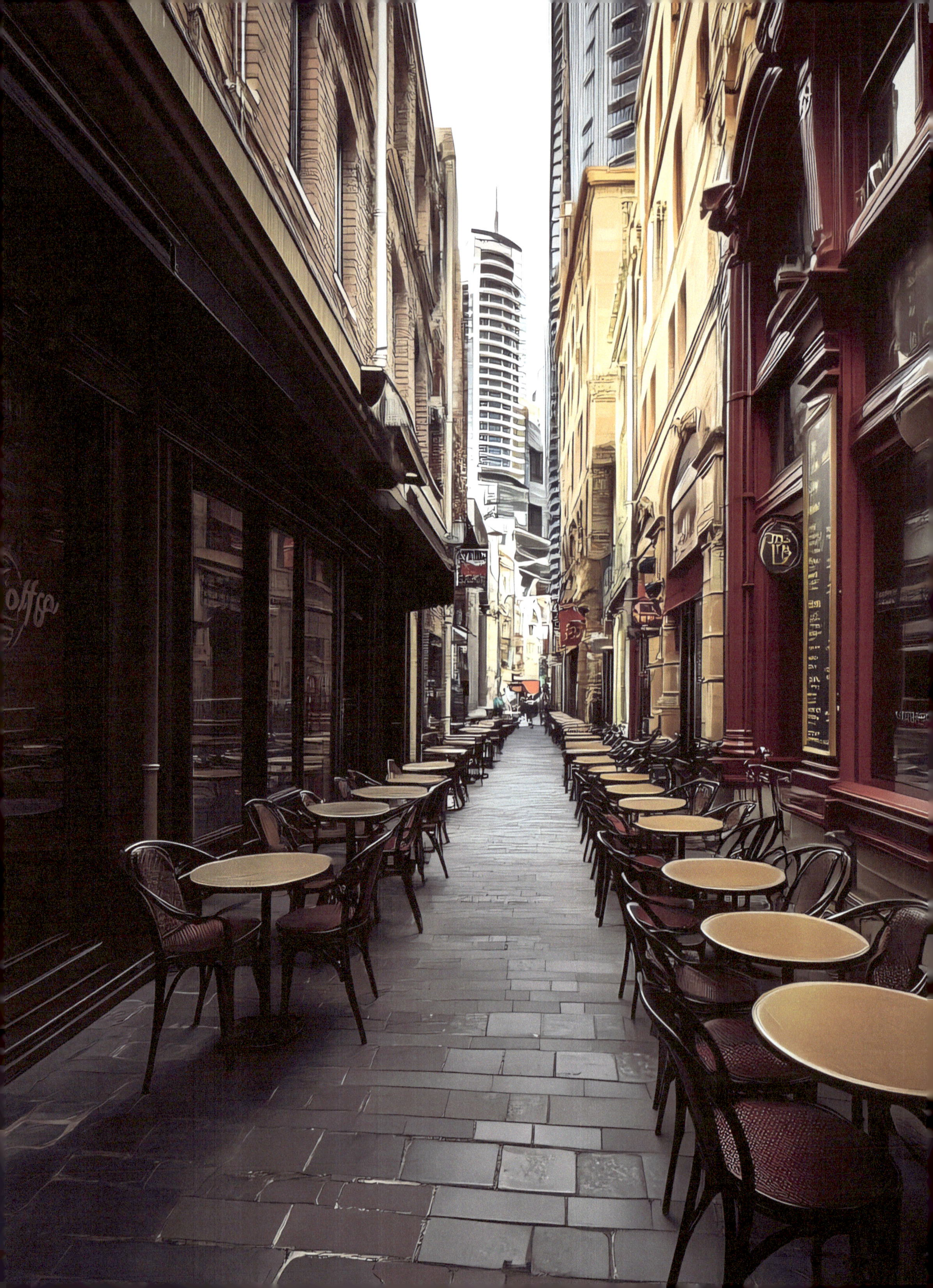

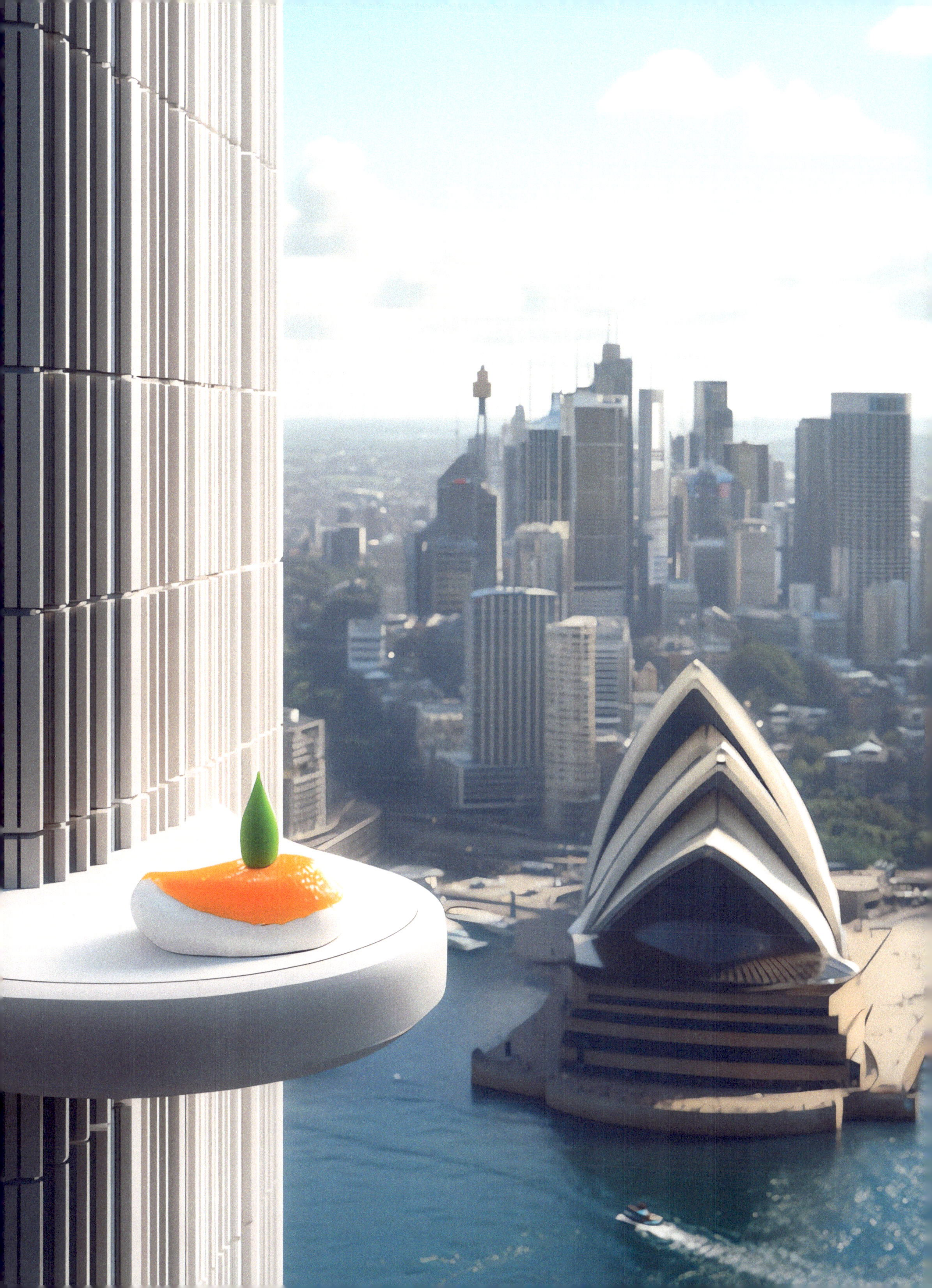

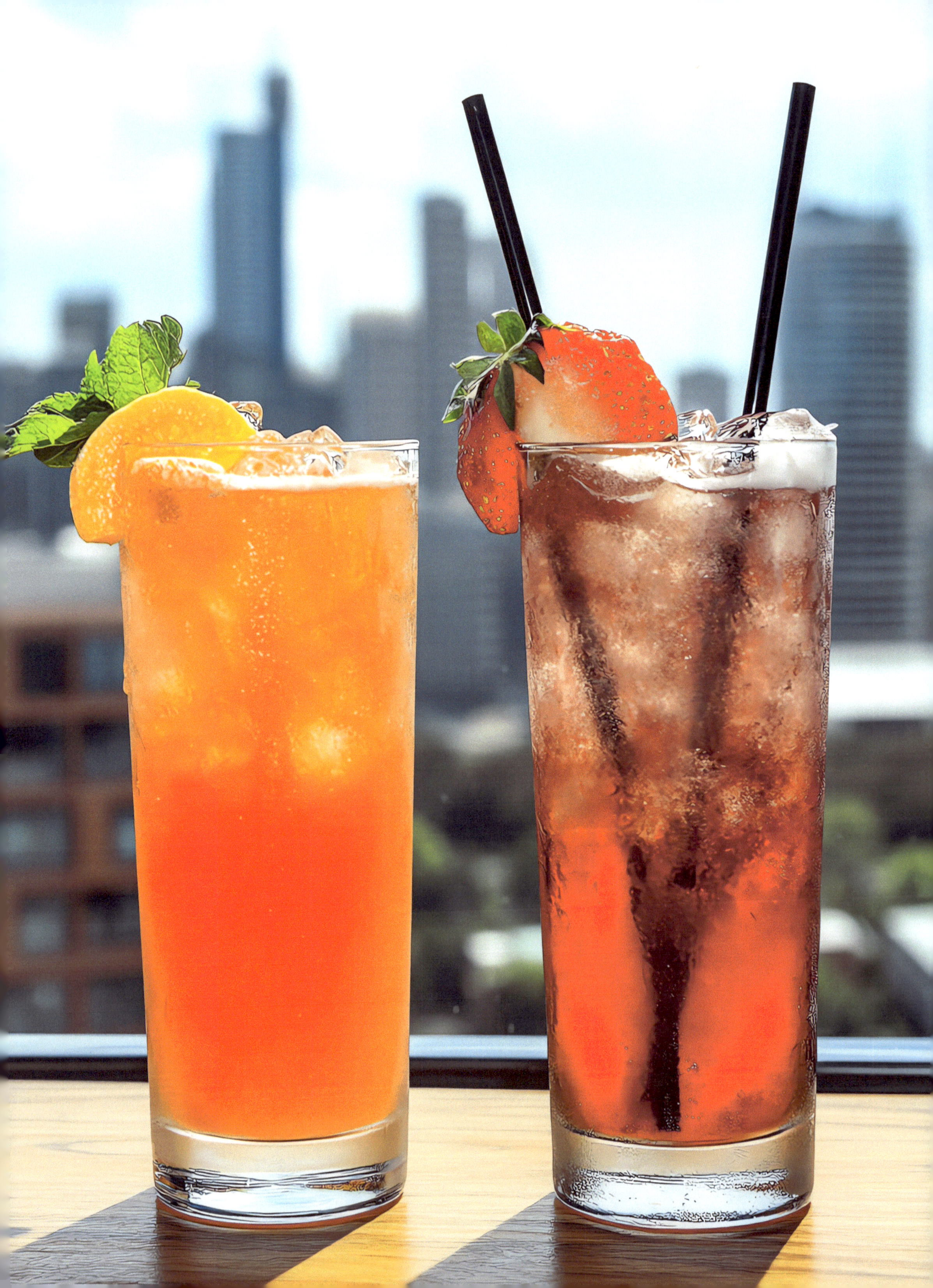

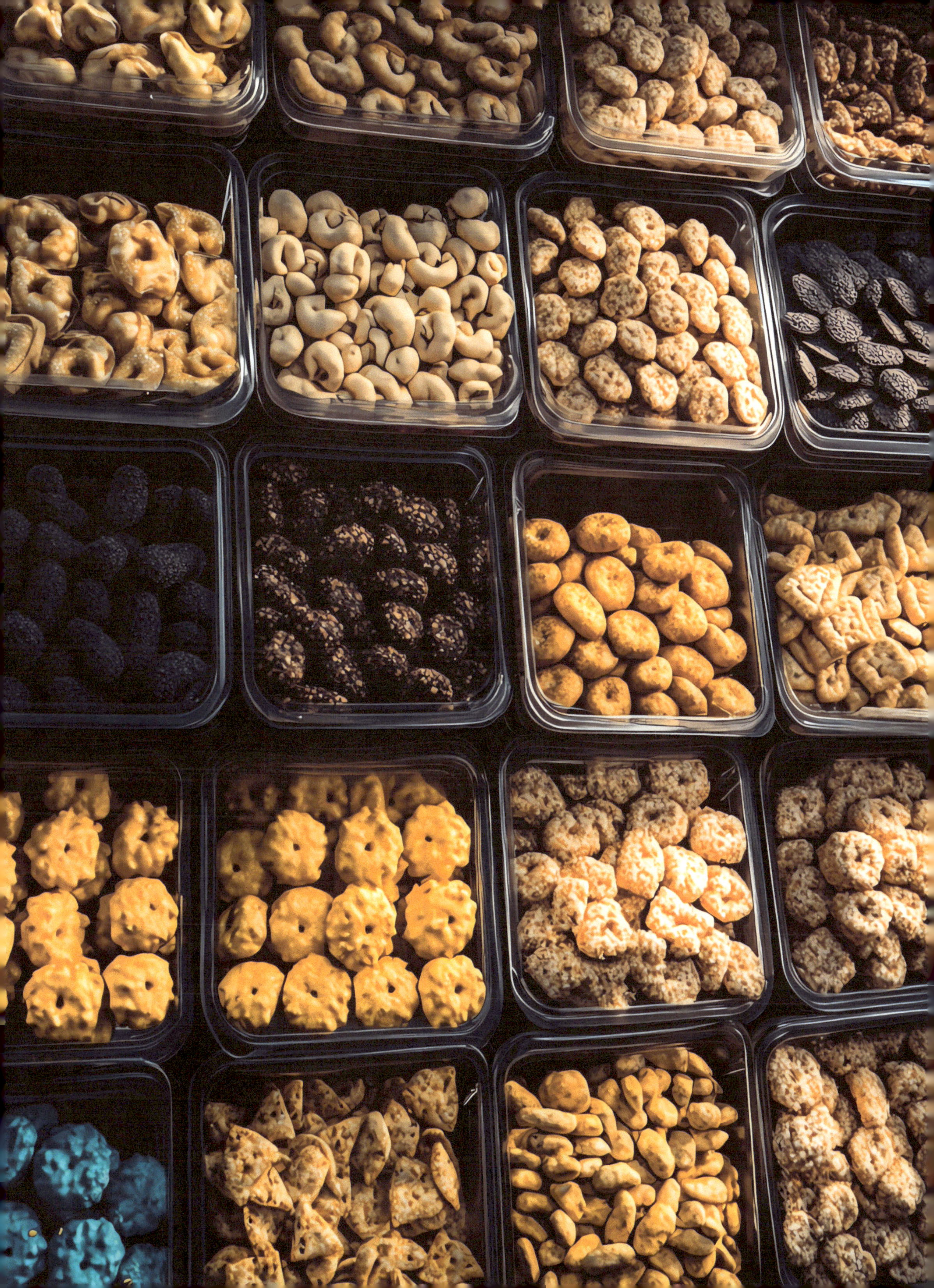

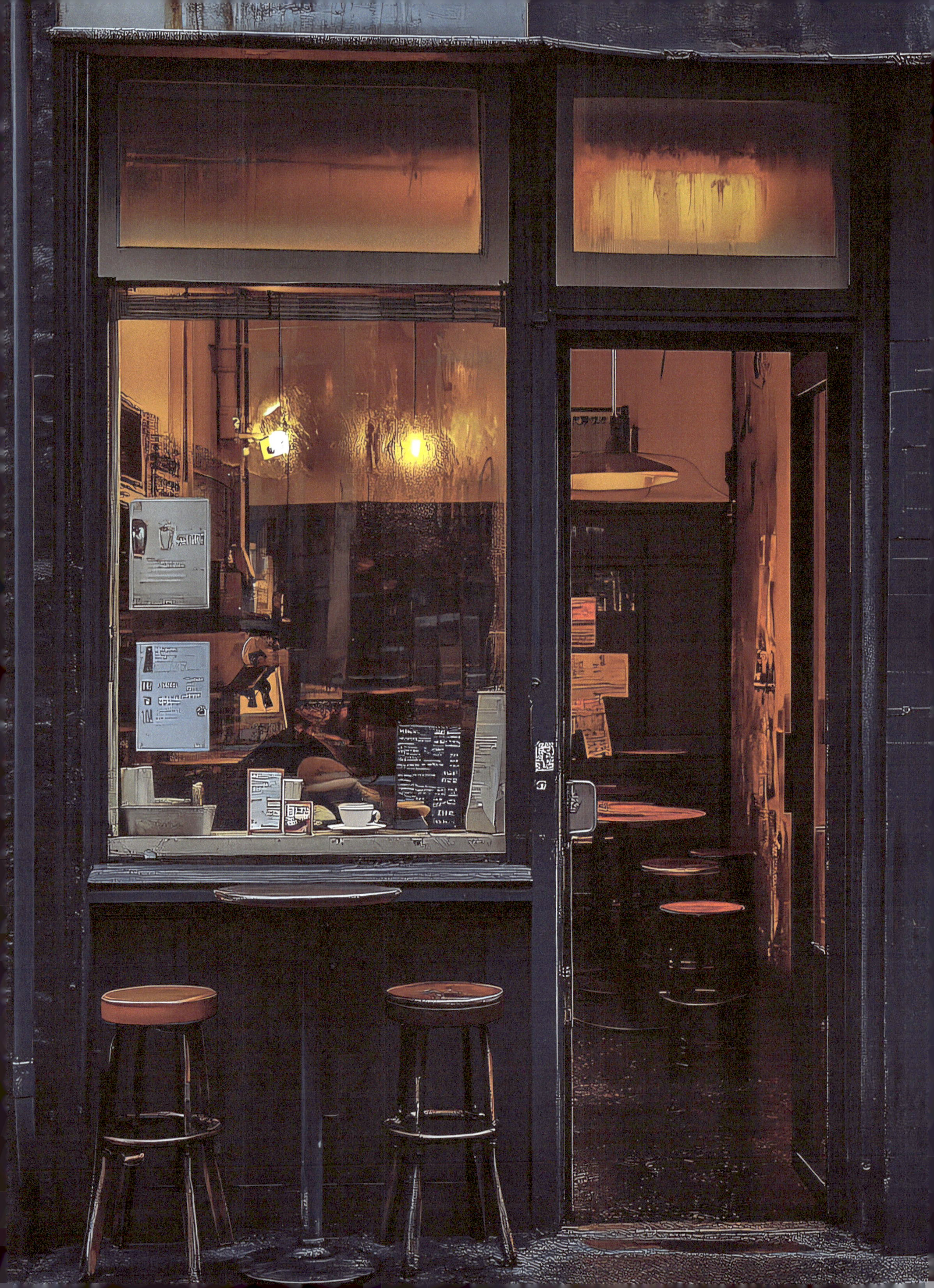

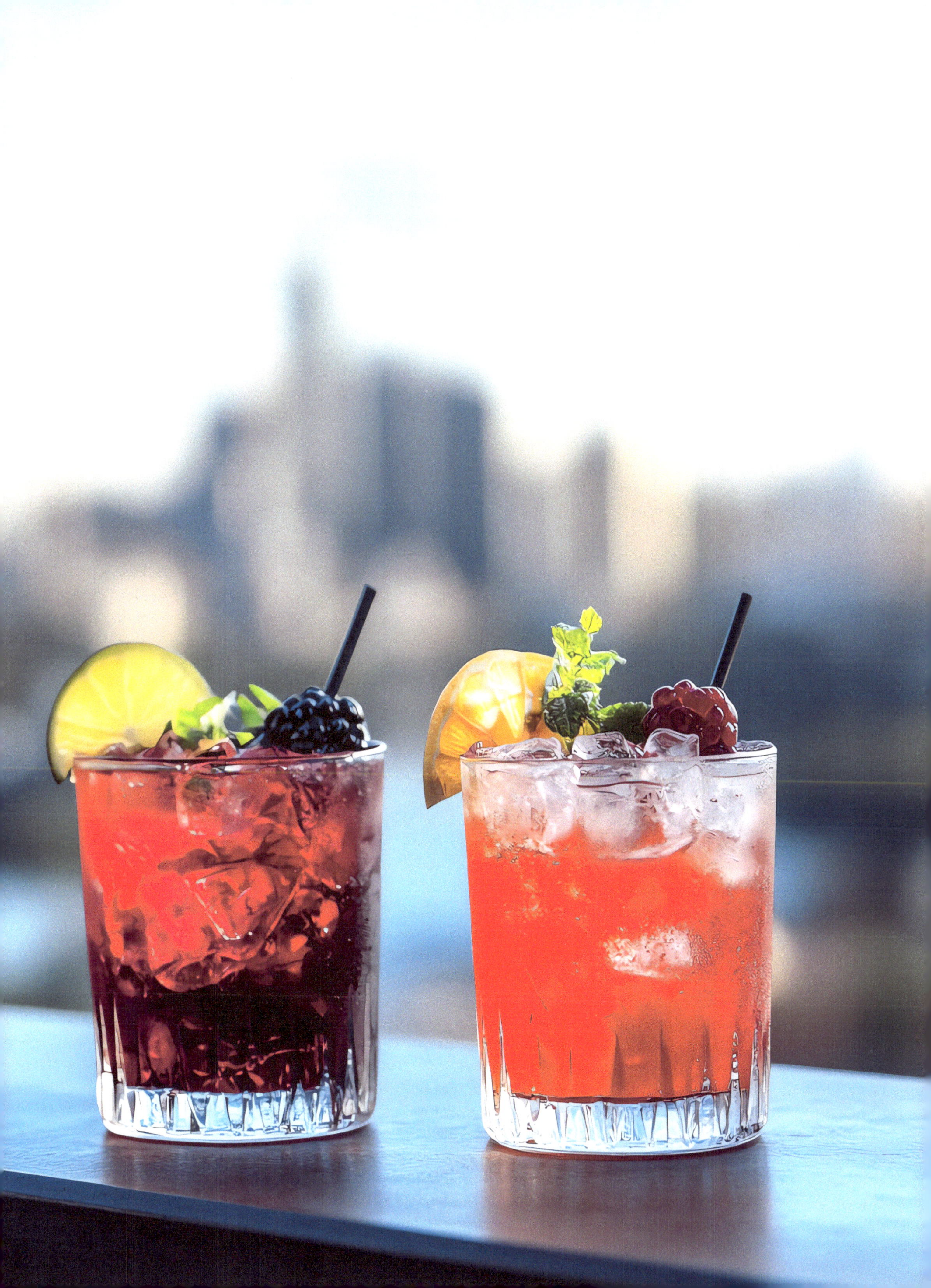

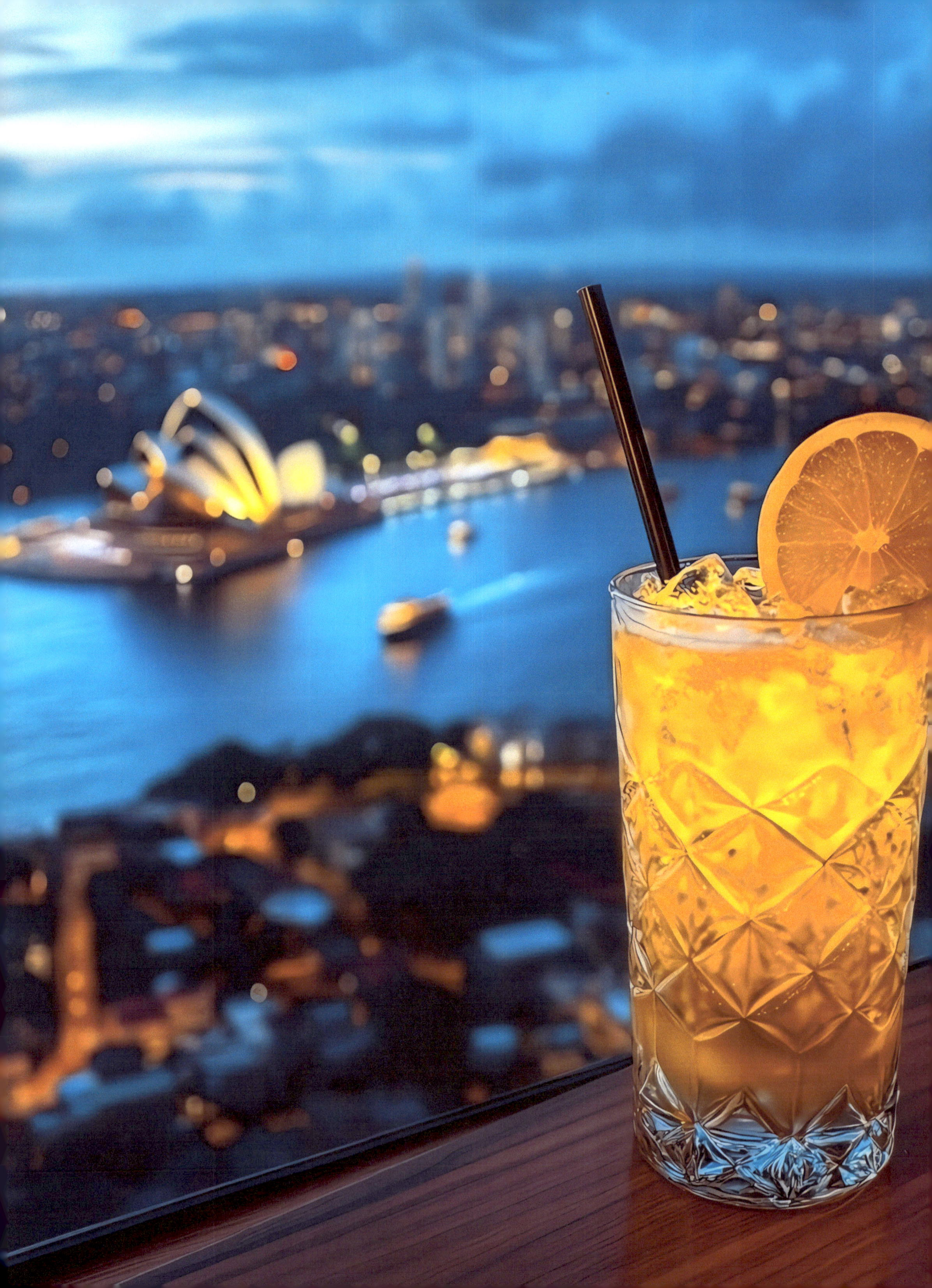

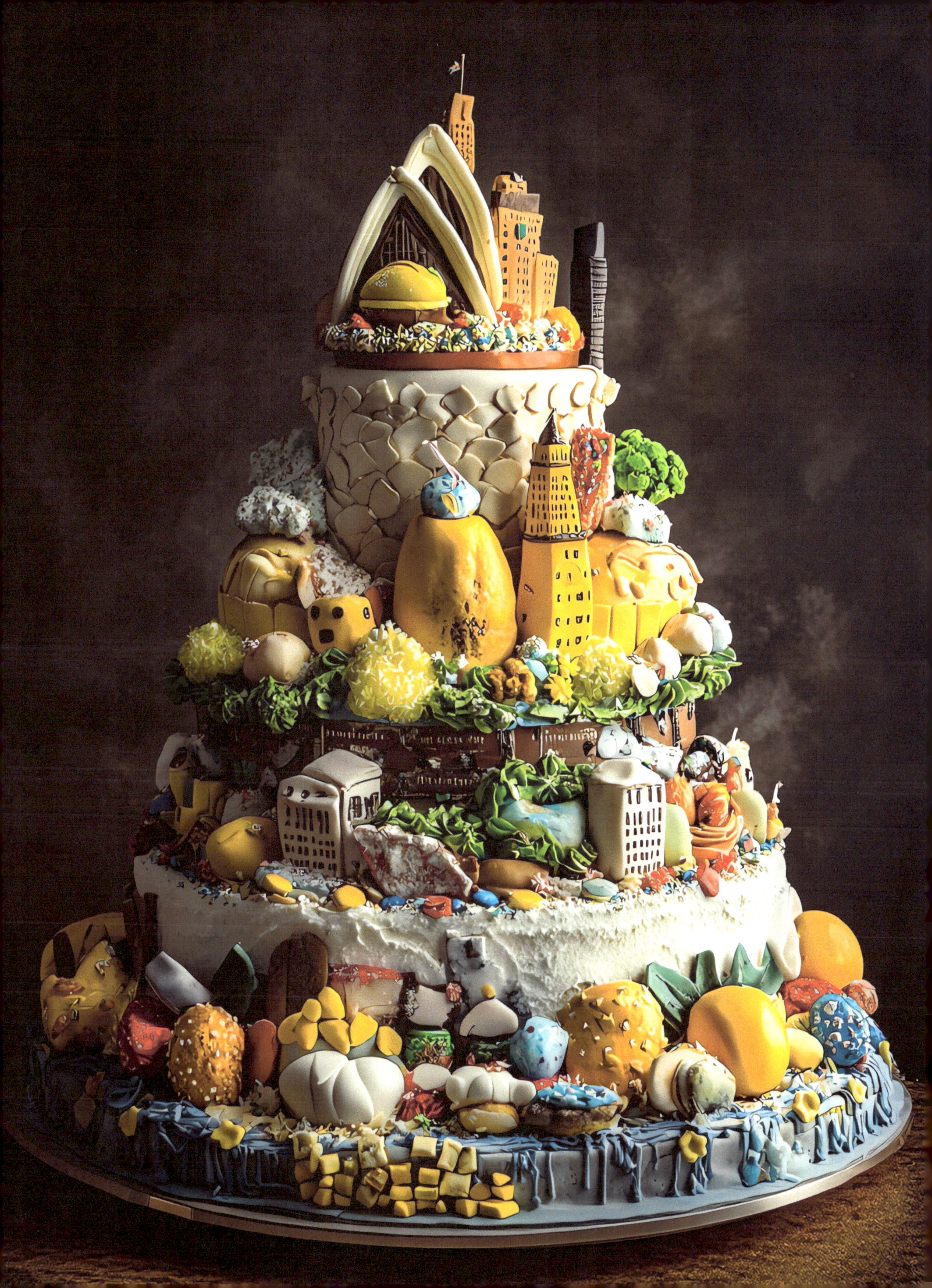

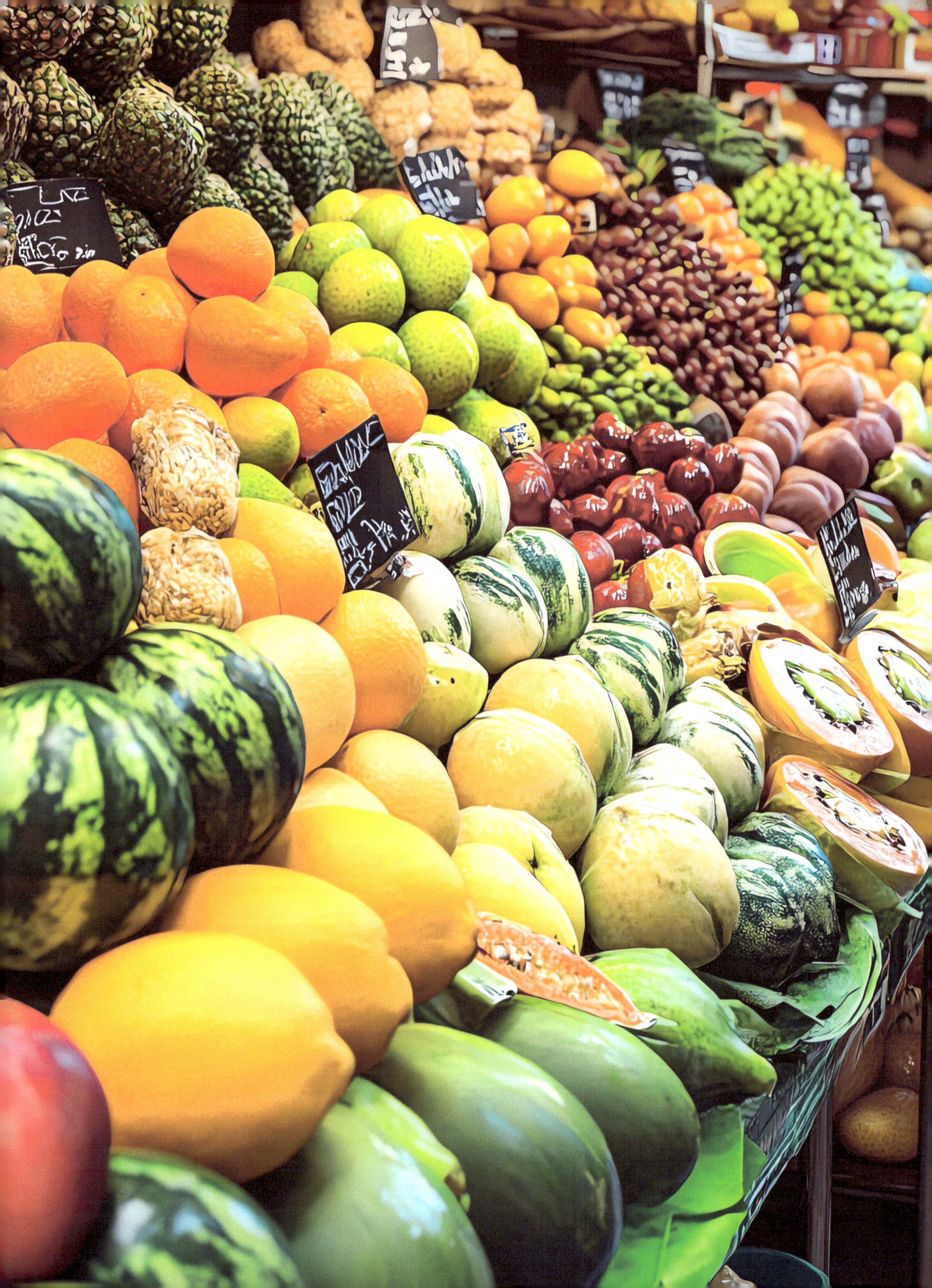

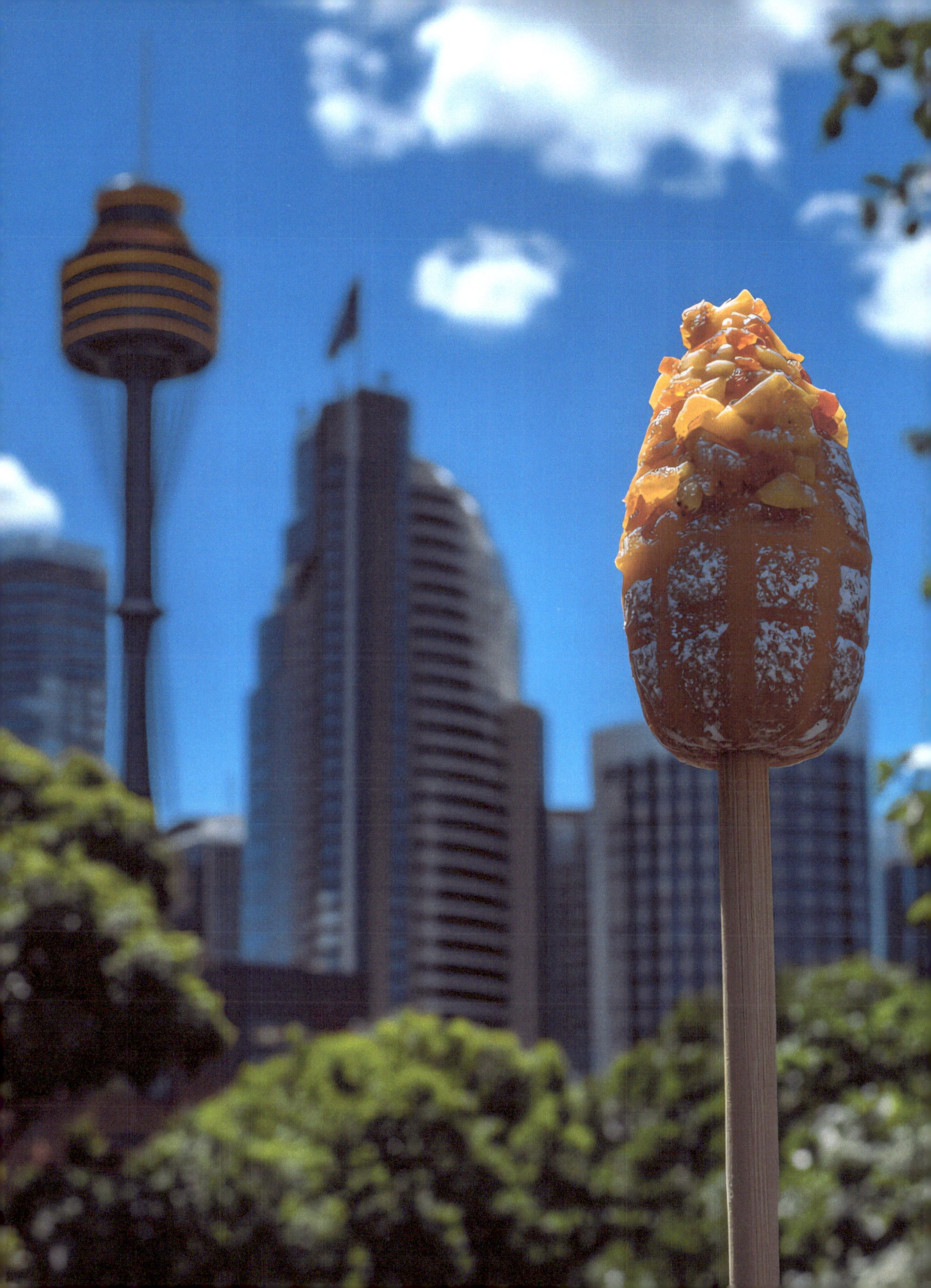

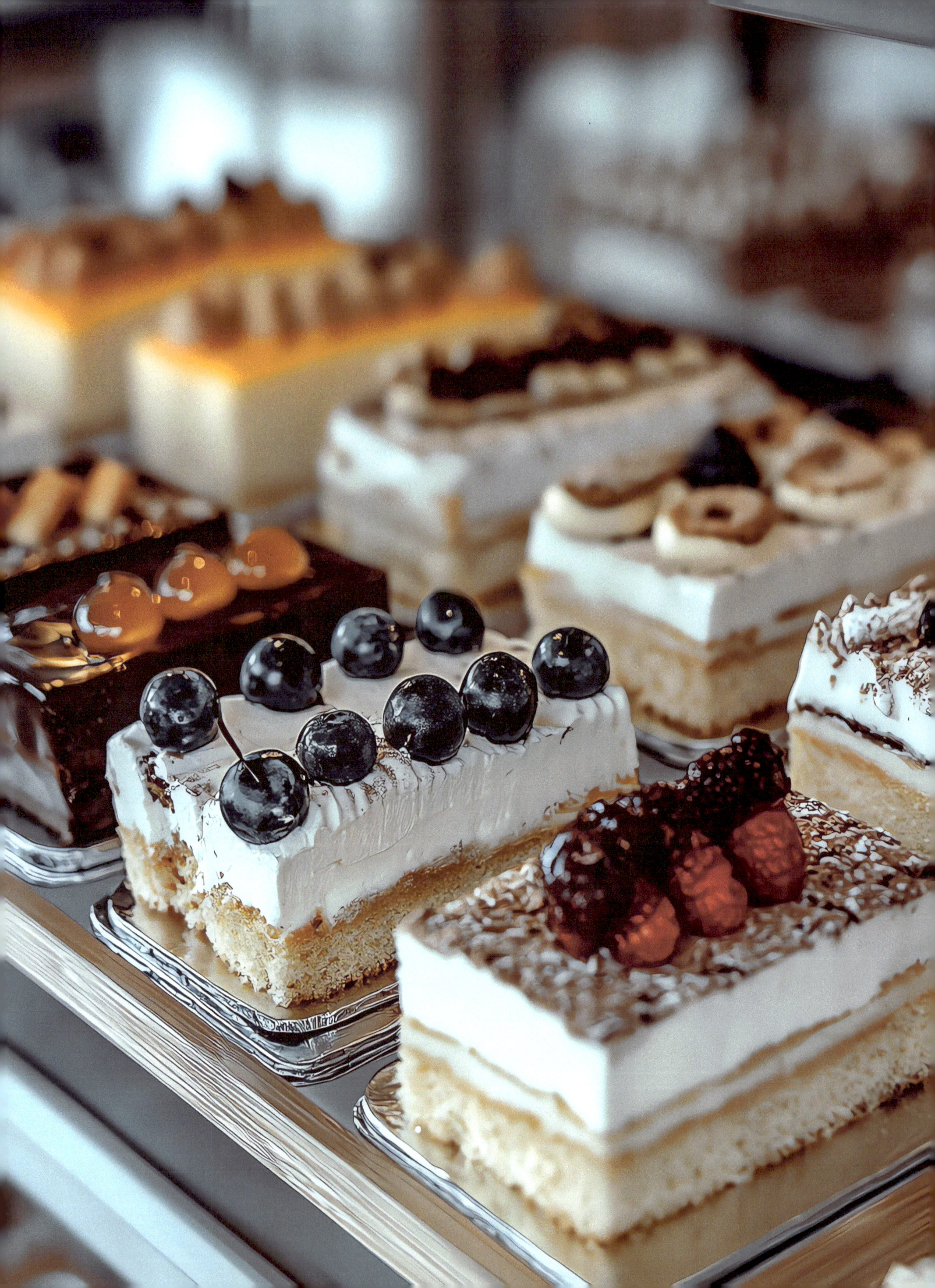

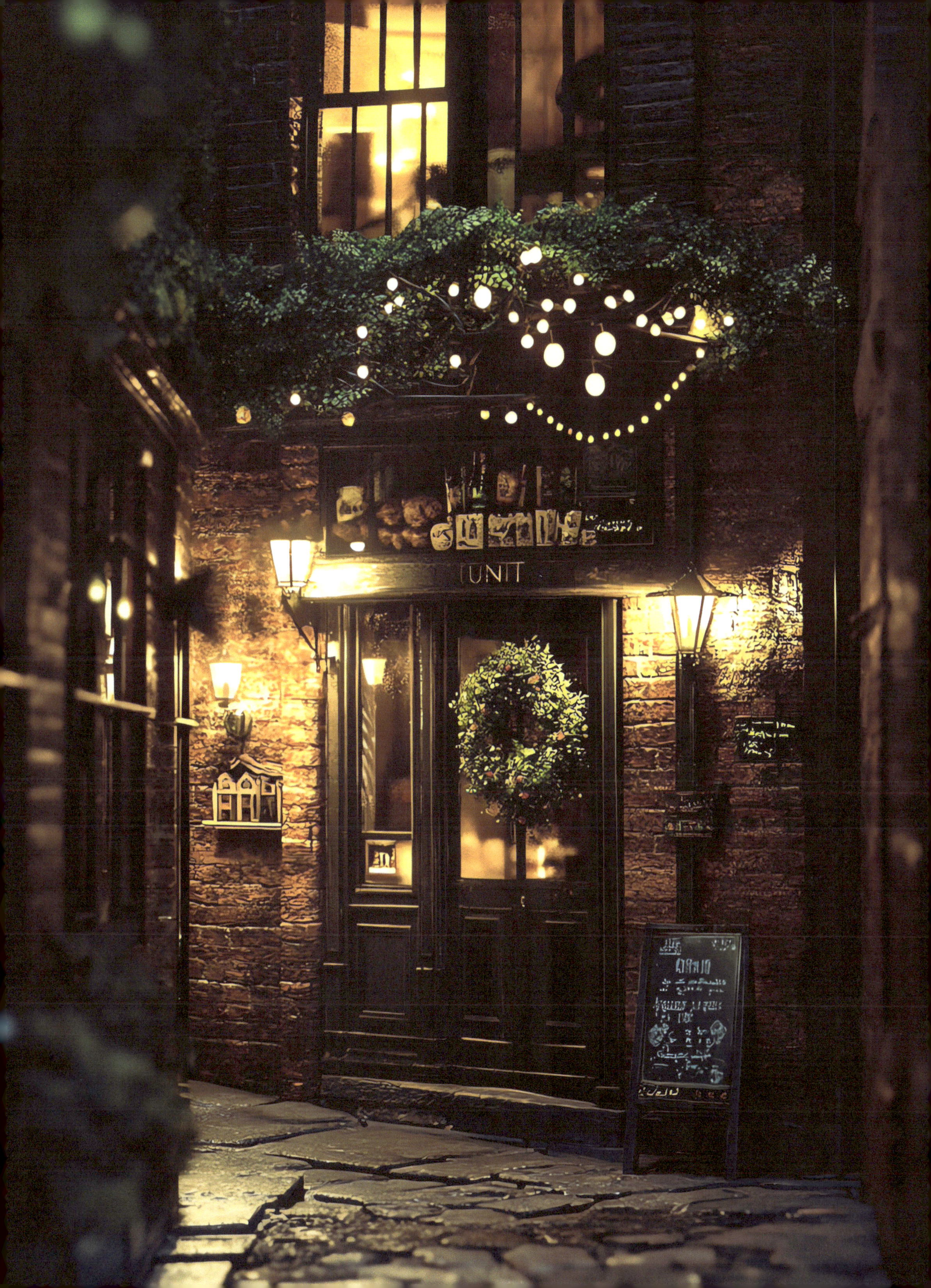
UNIT

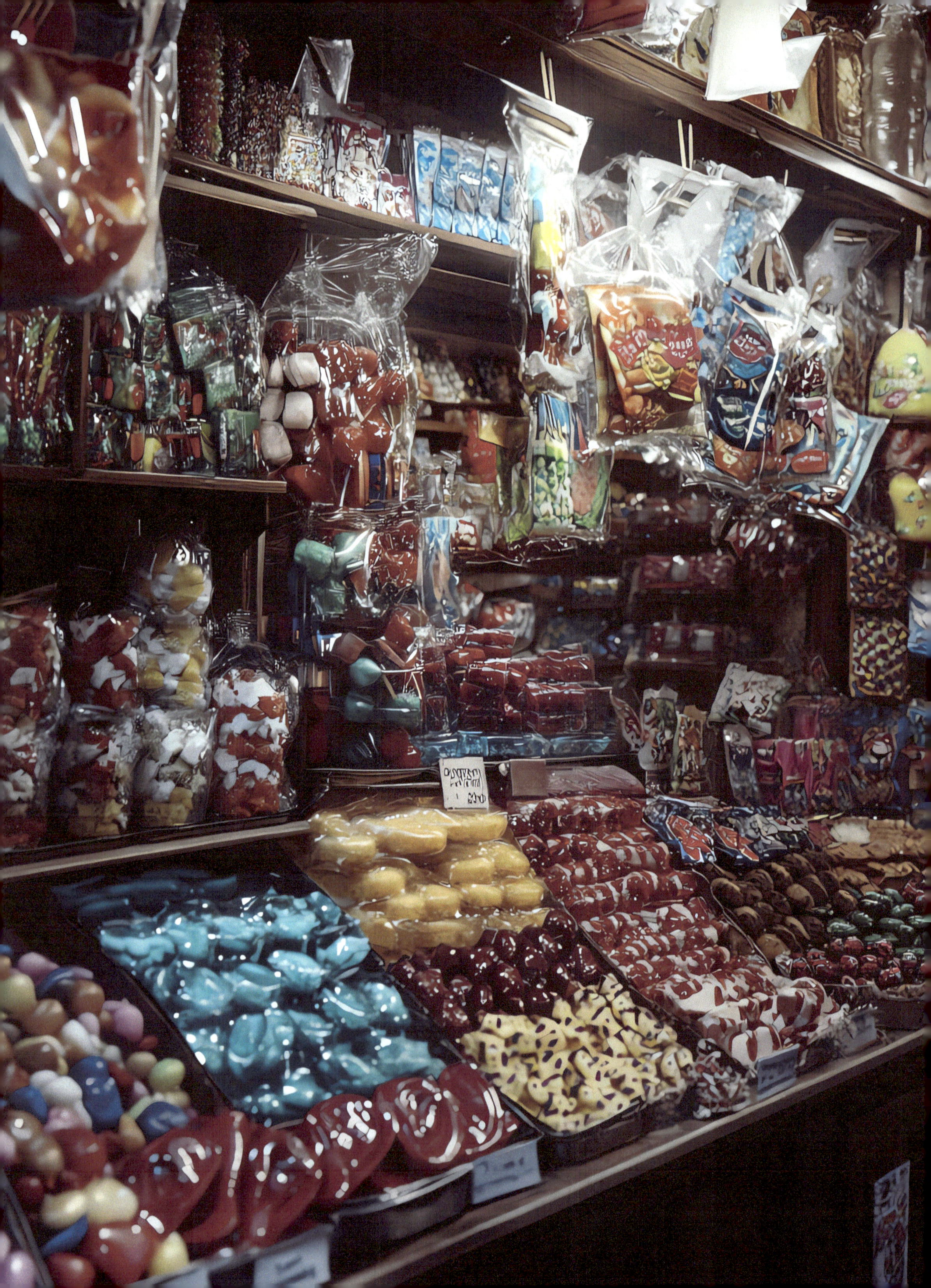

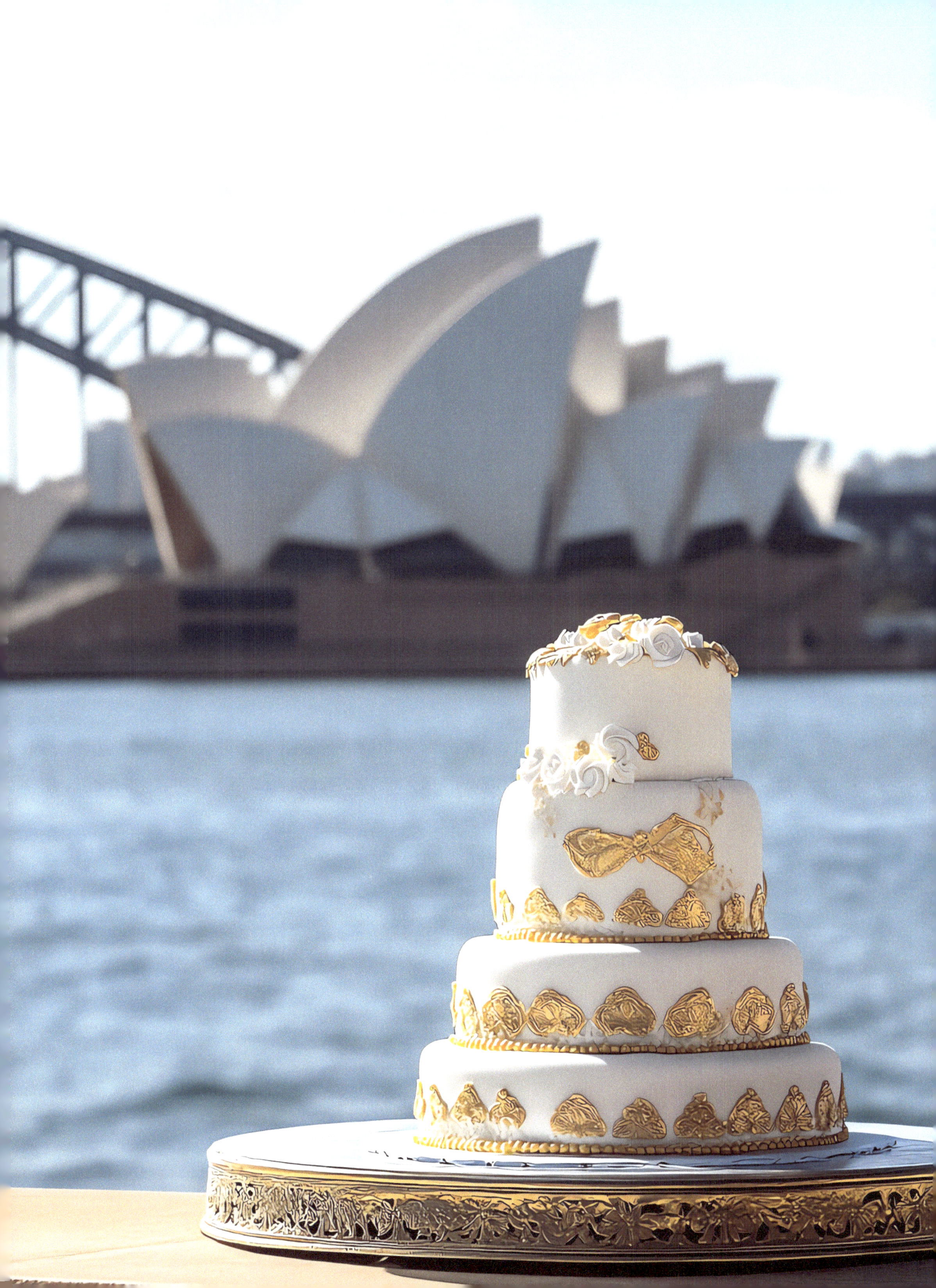

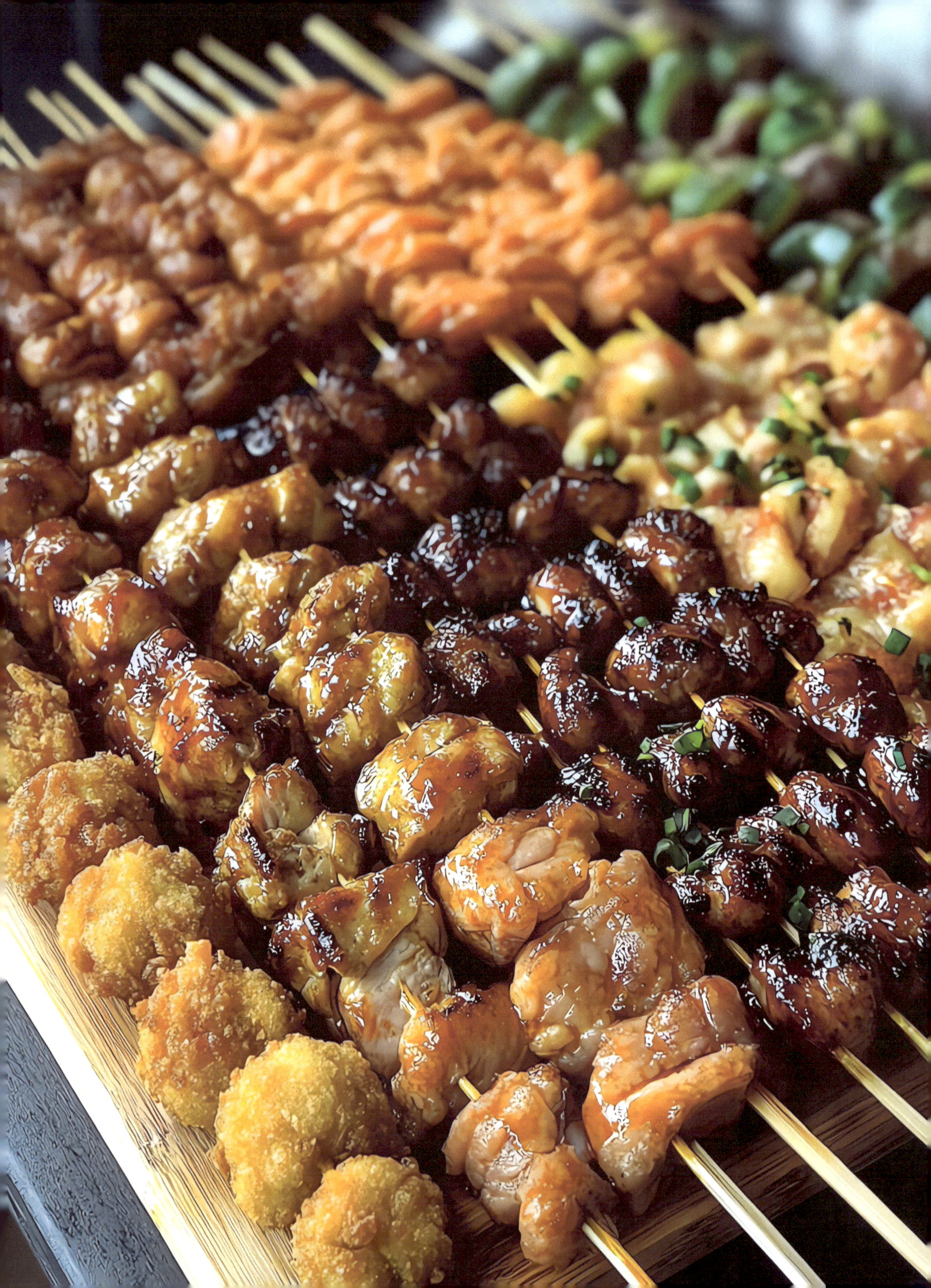

www.ingramcontent.com/pod-product-compliance
Lightning Source LLC
Chambersburg PA
CBHW040433220526
45473CB00004B/1425
9798303368552

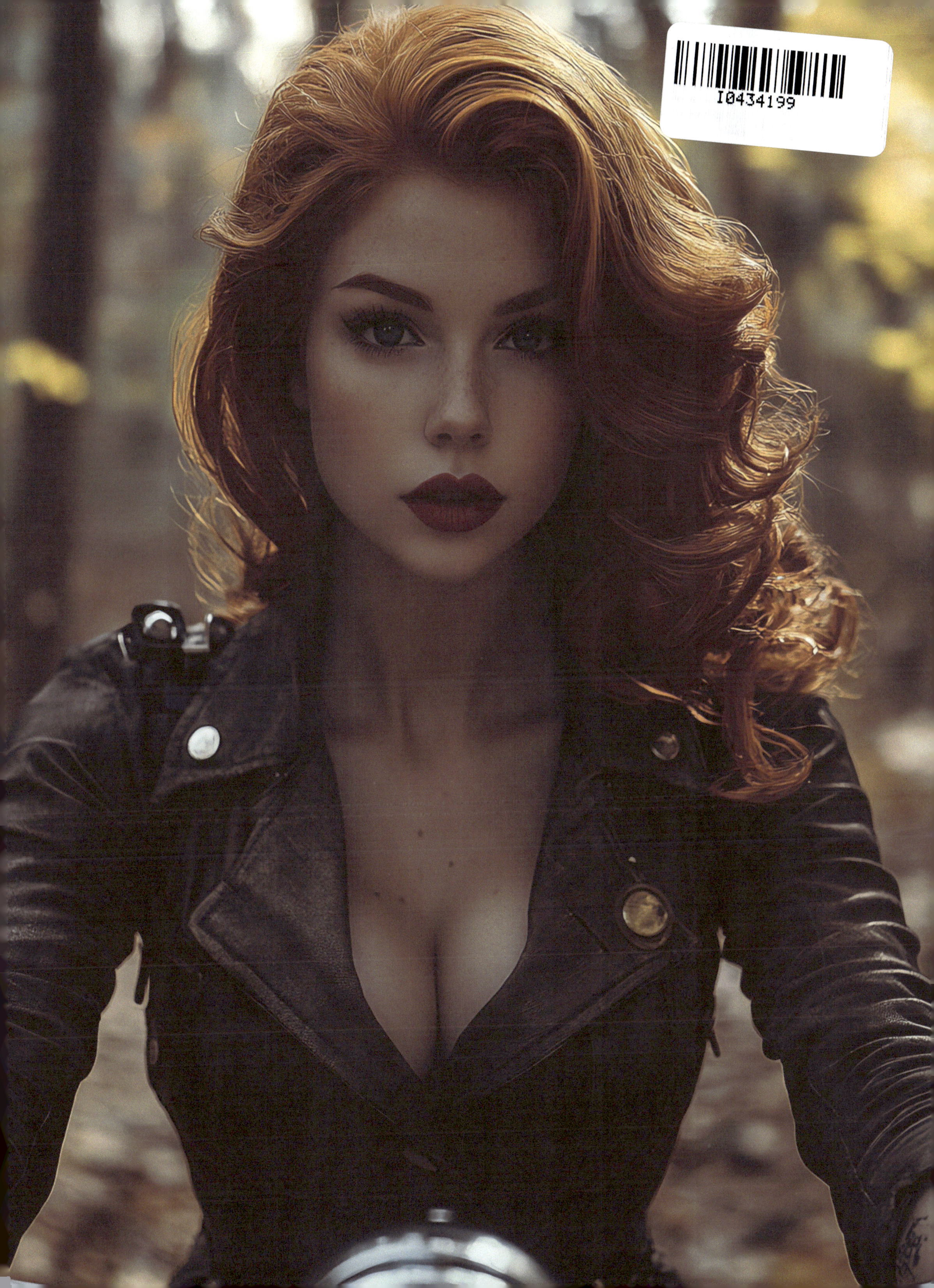

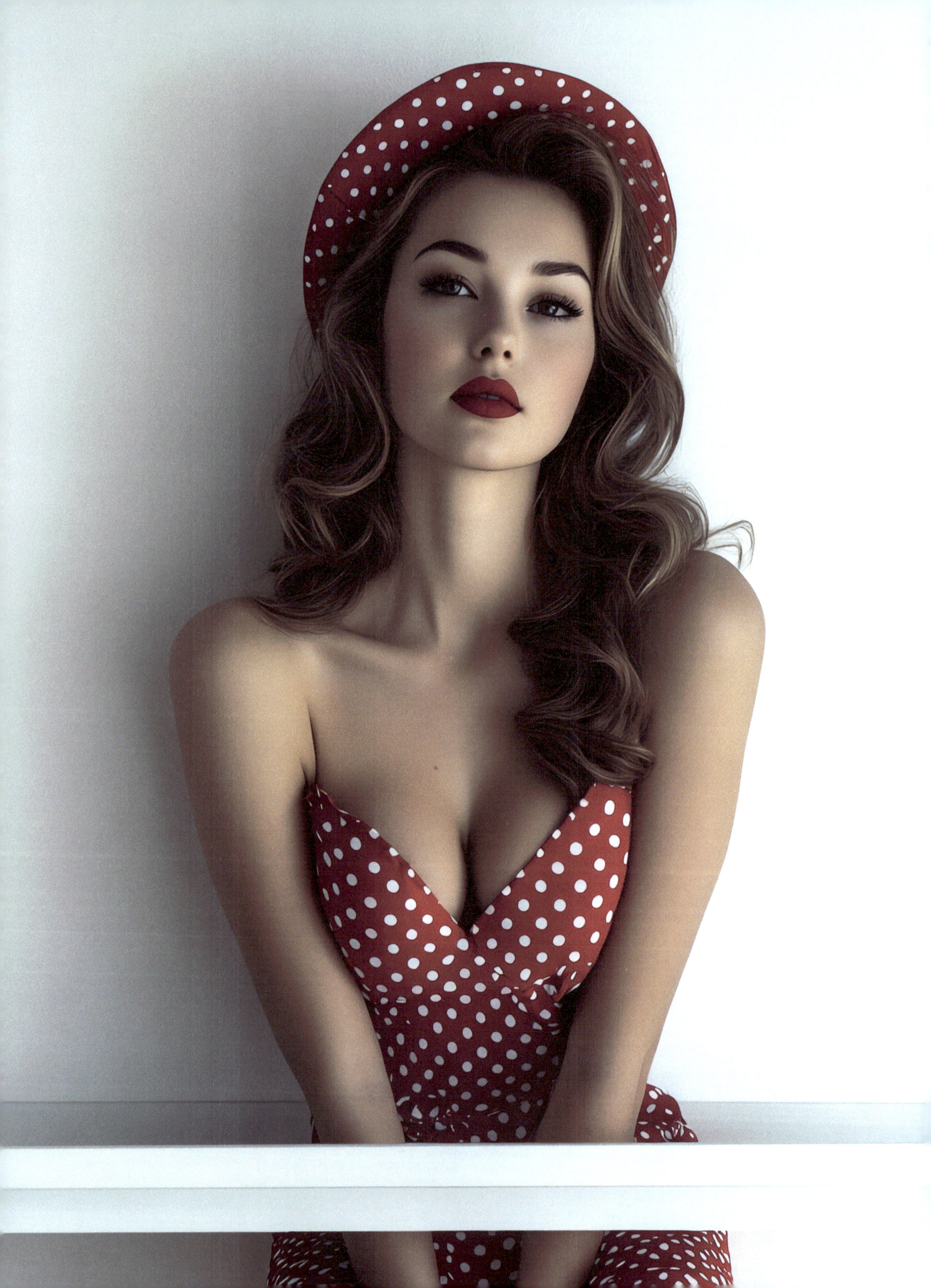

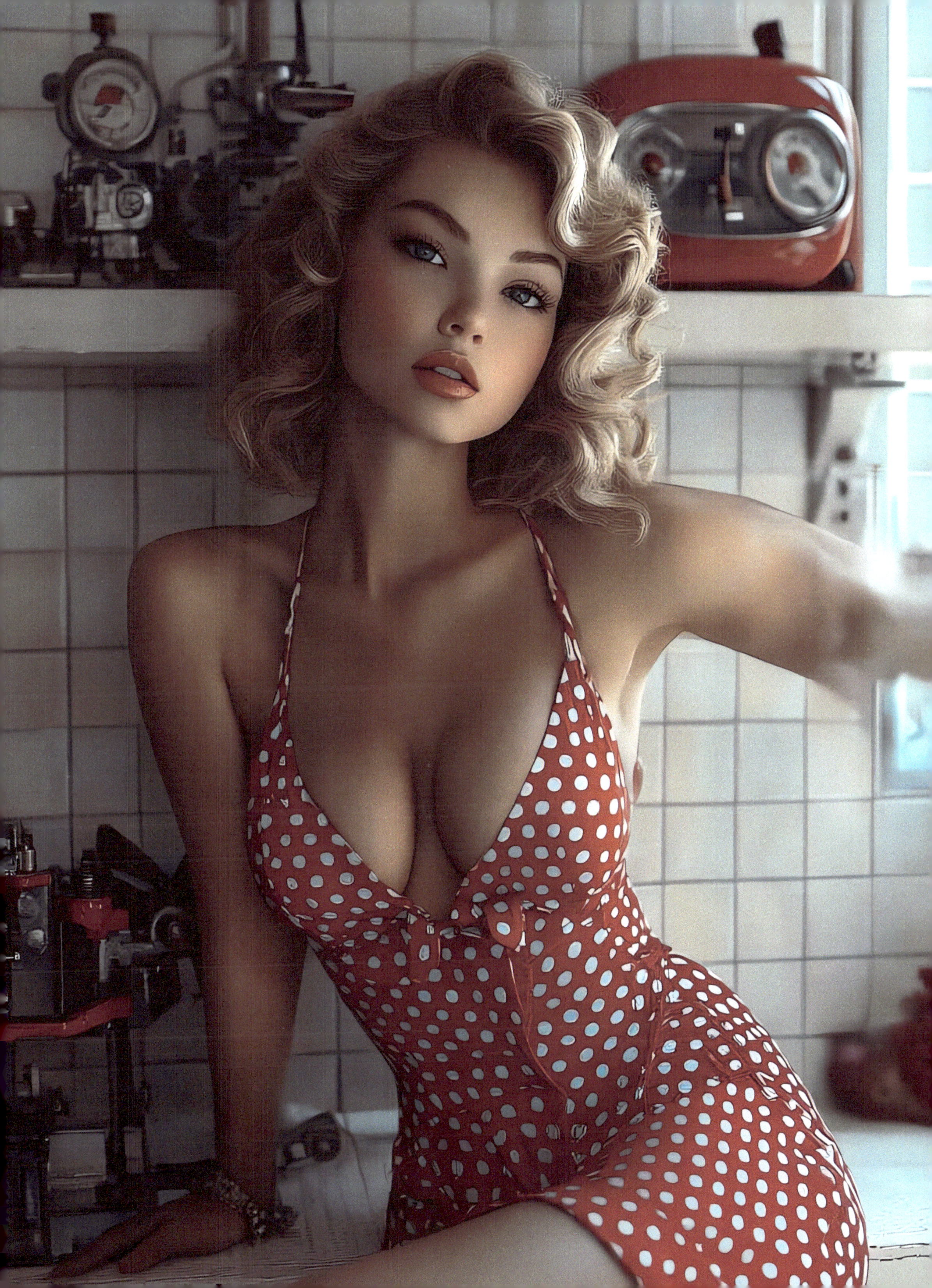

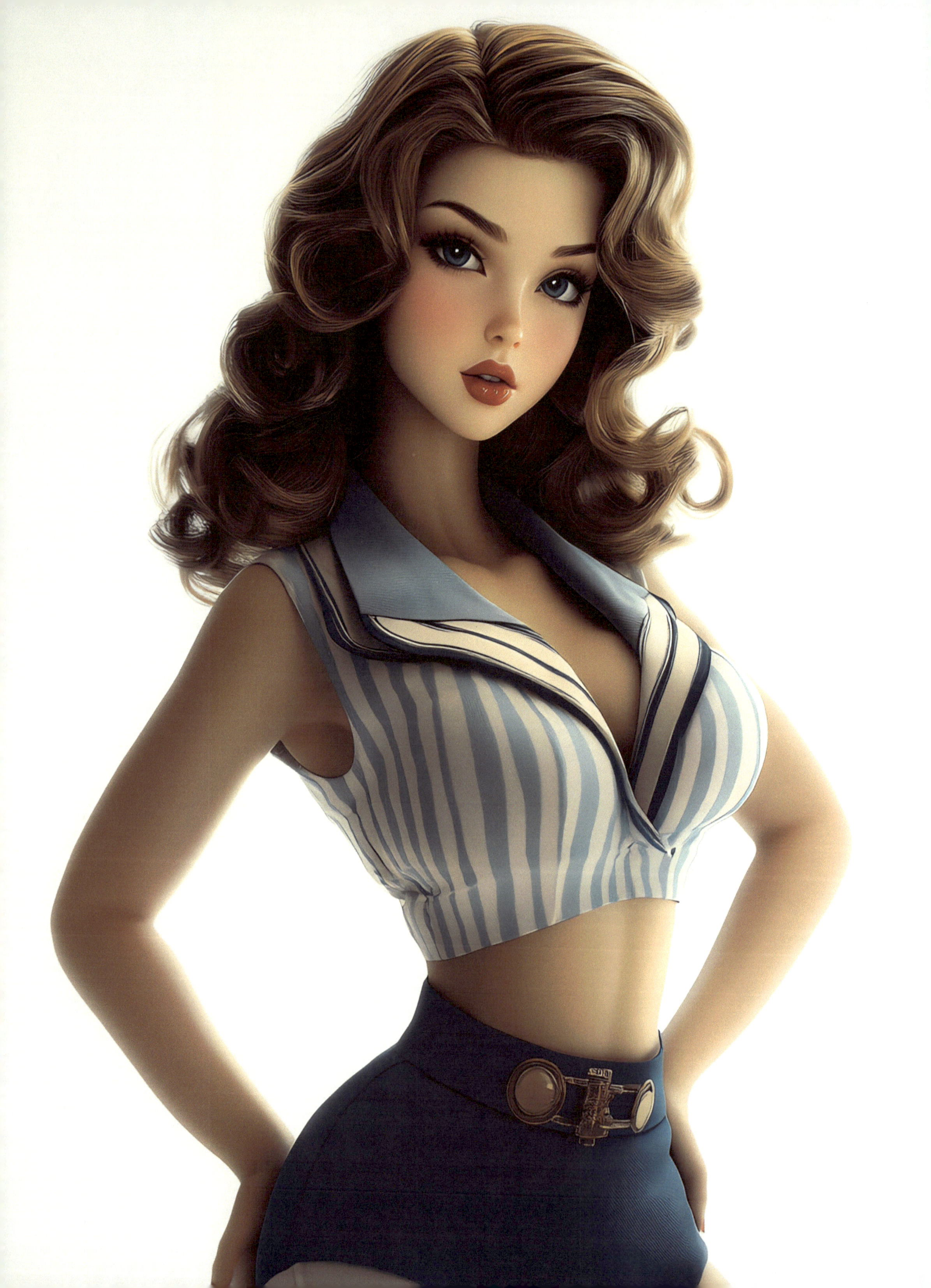

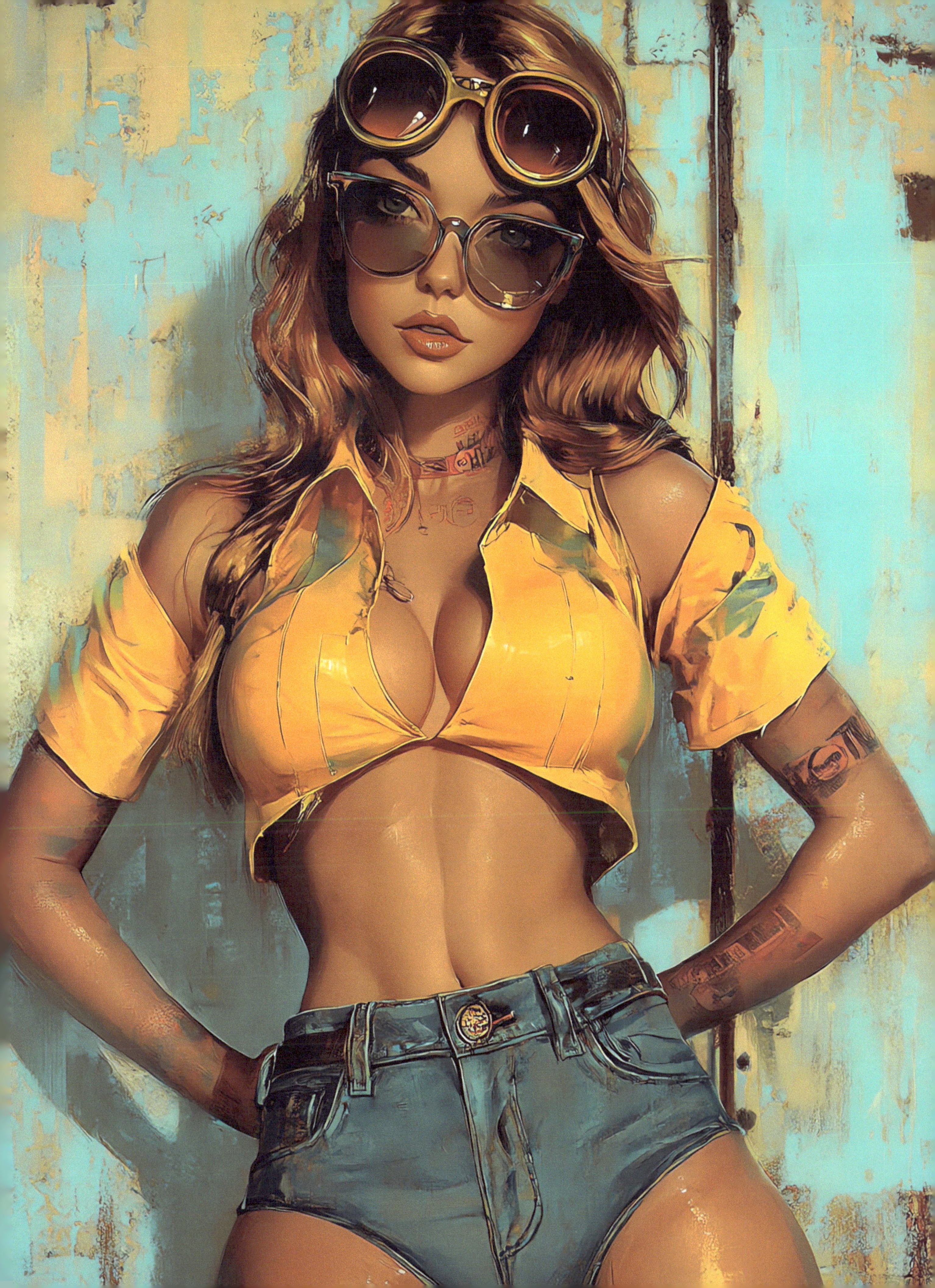

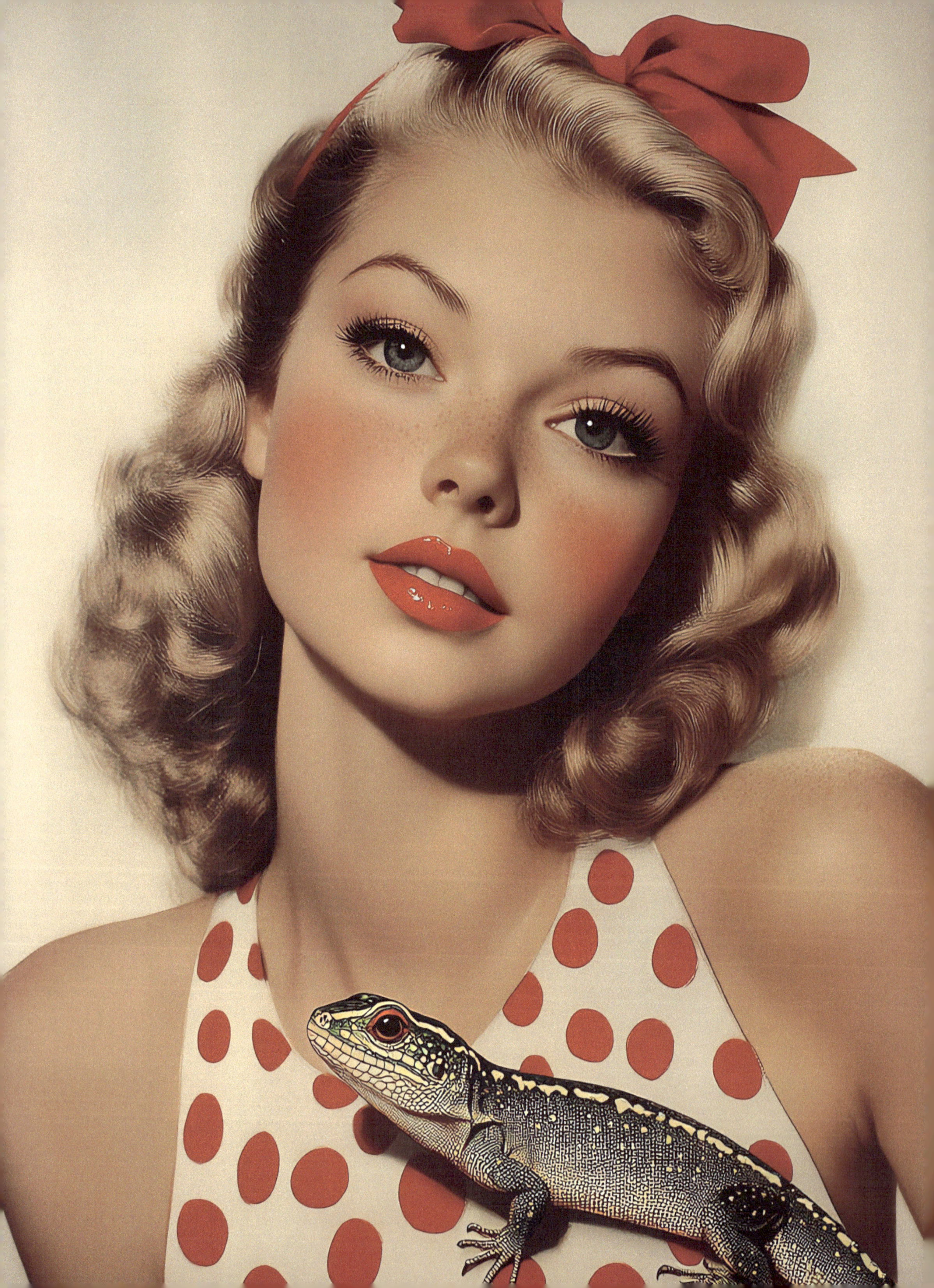

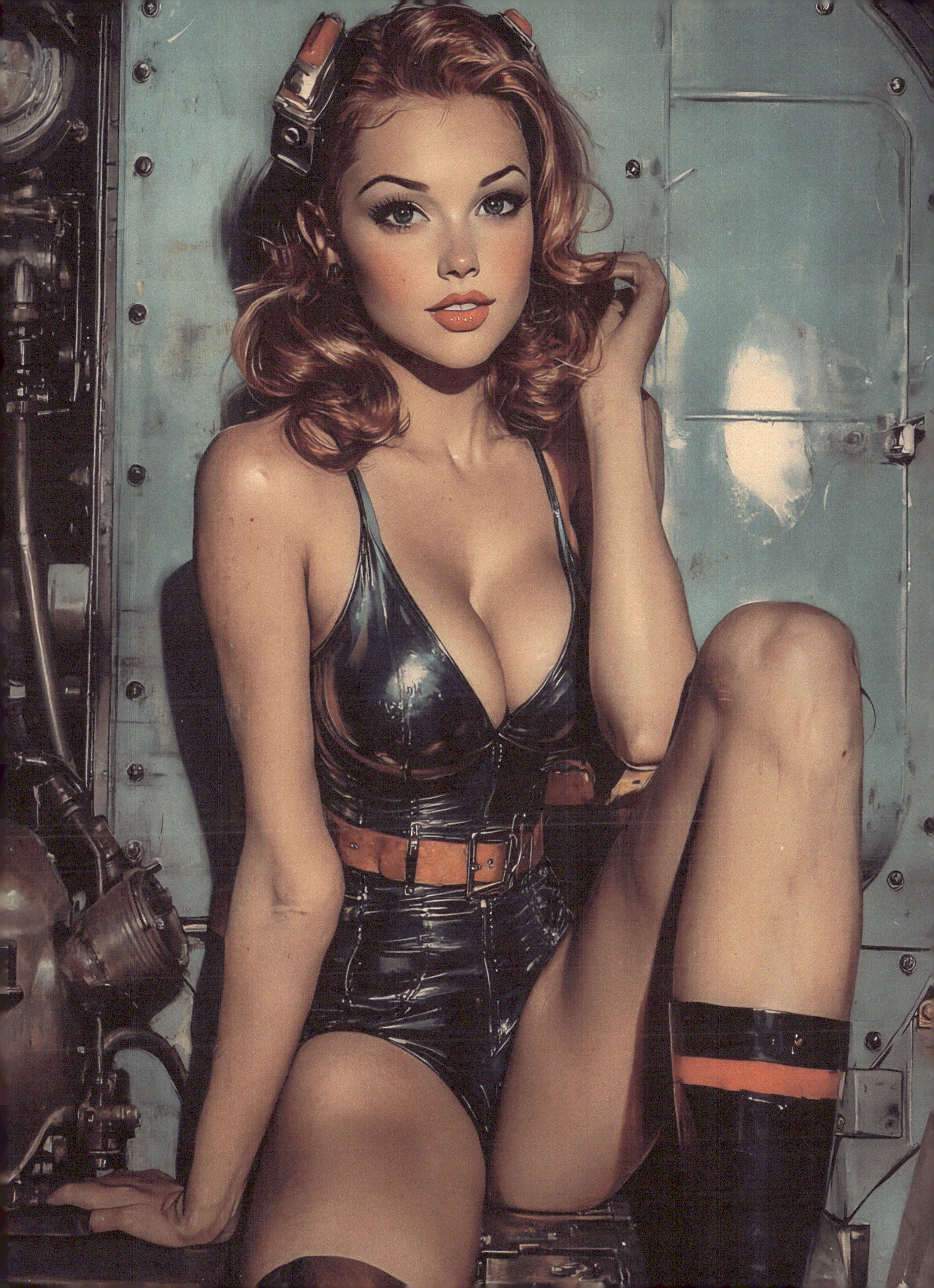

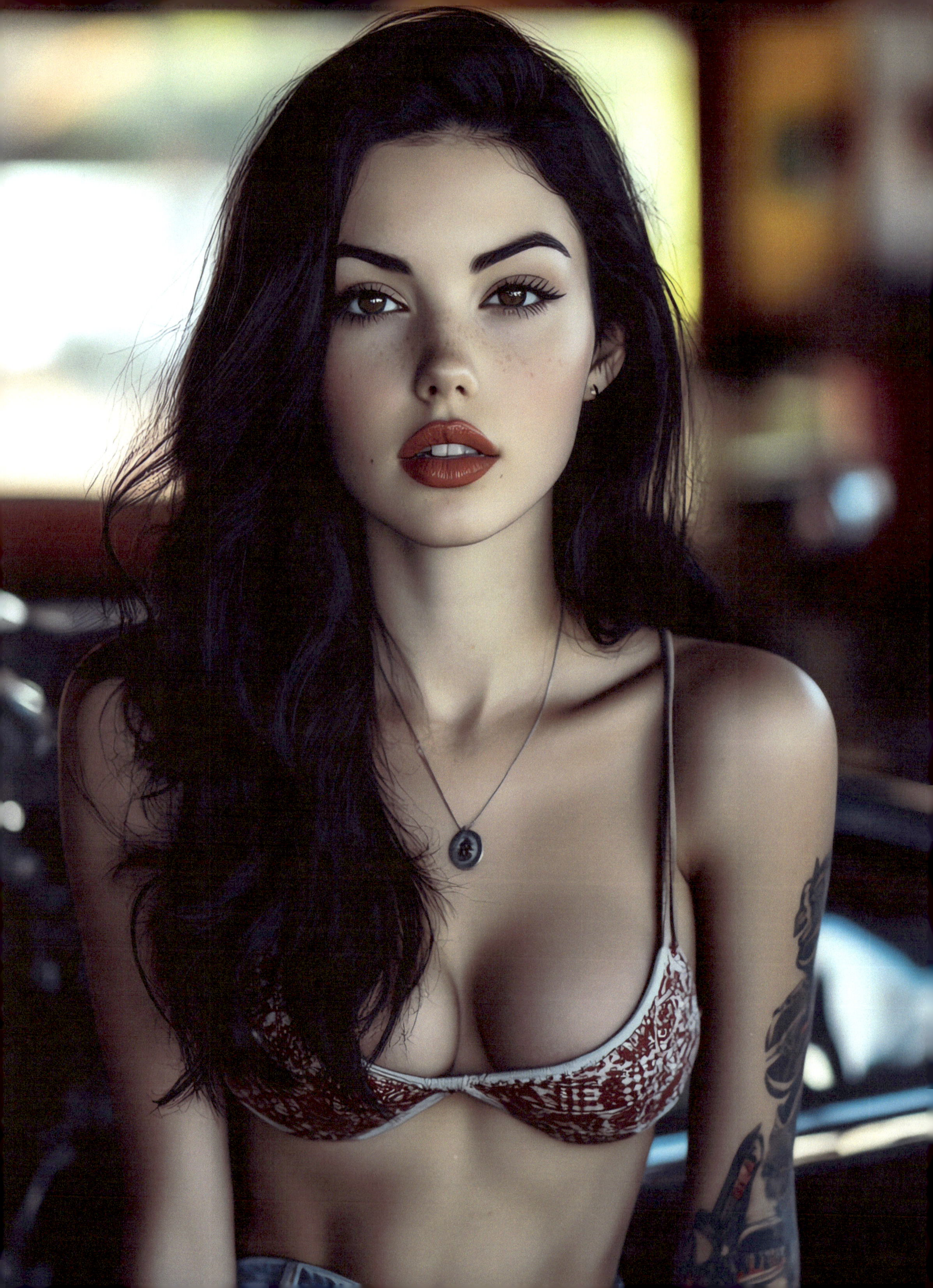

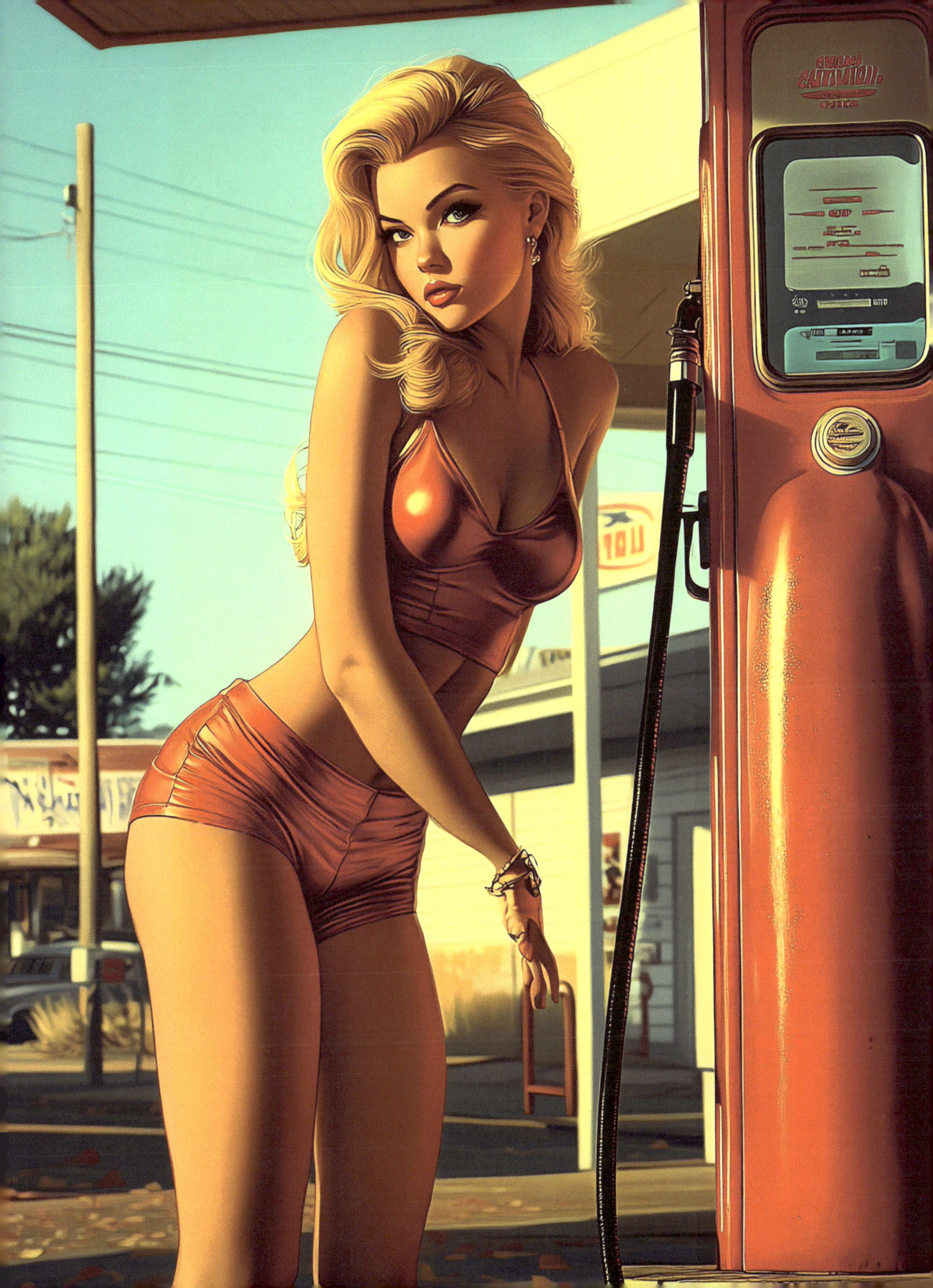

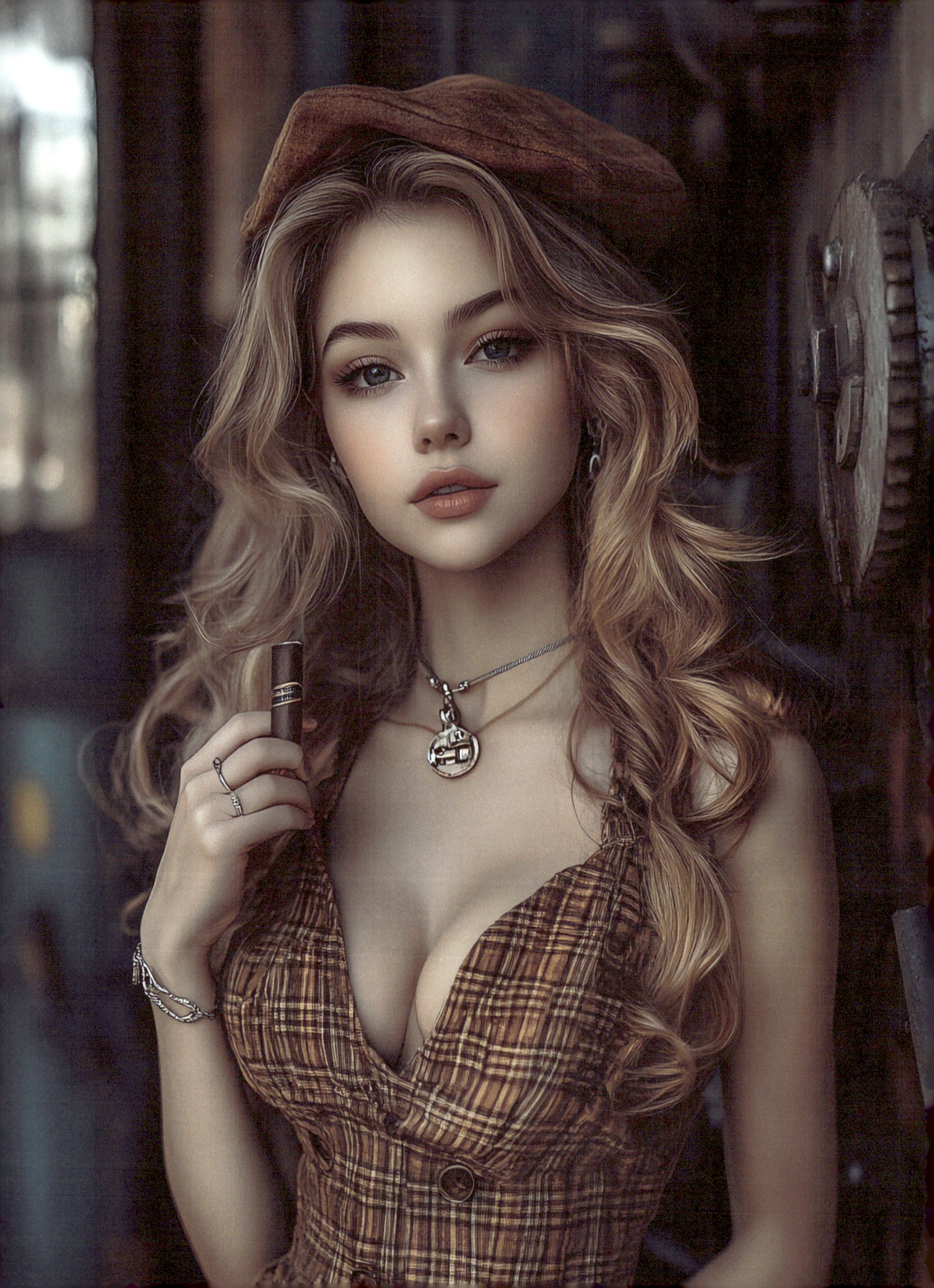

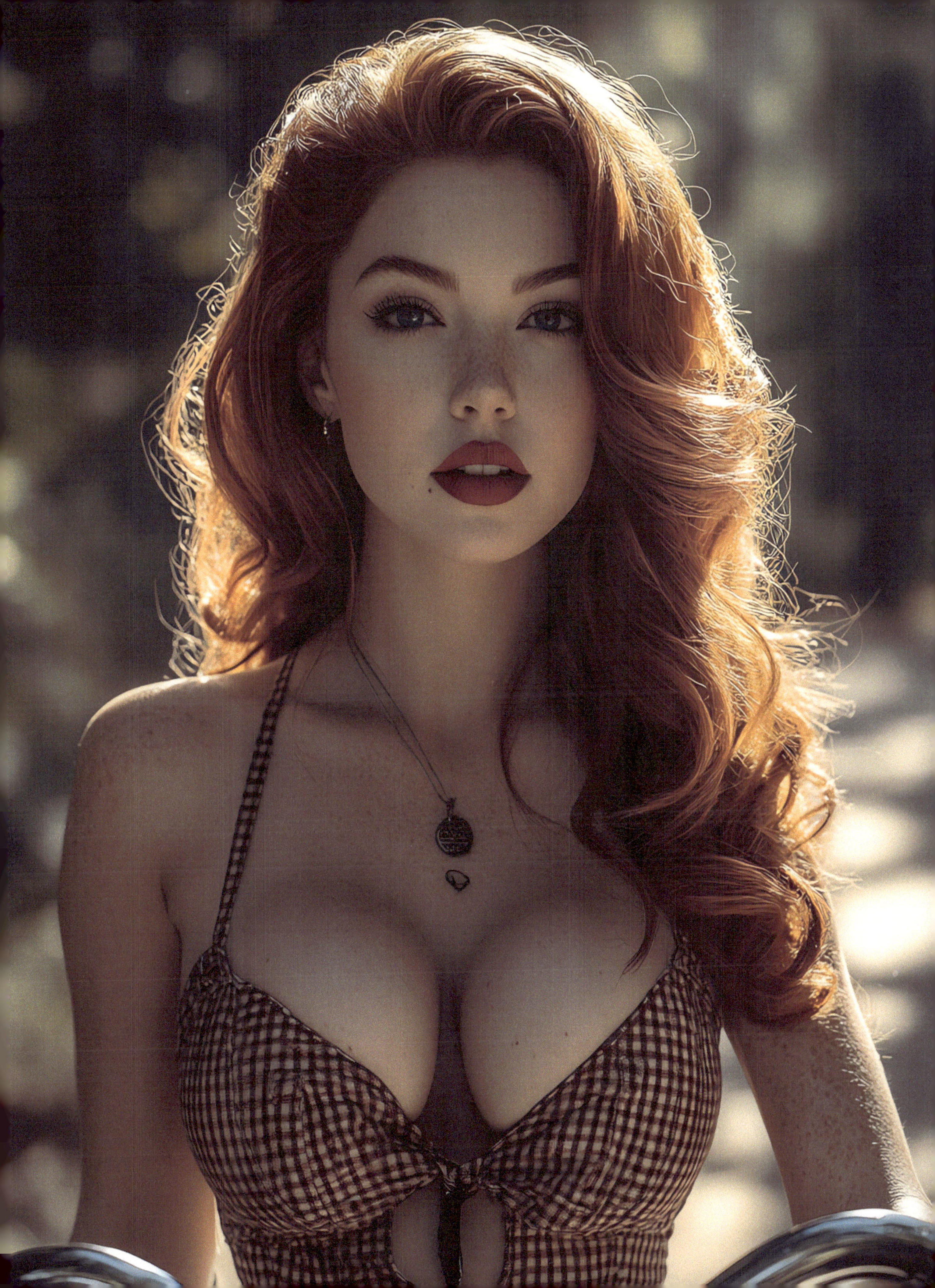

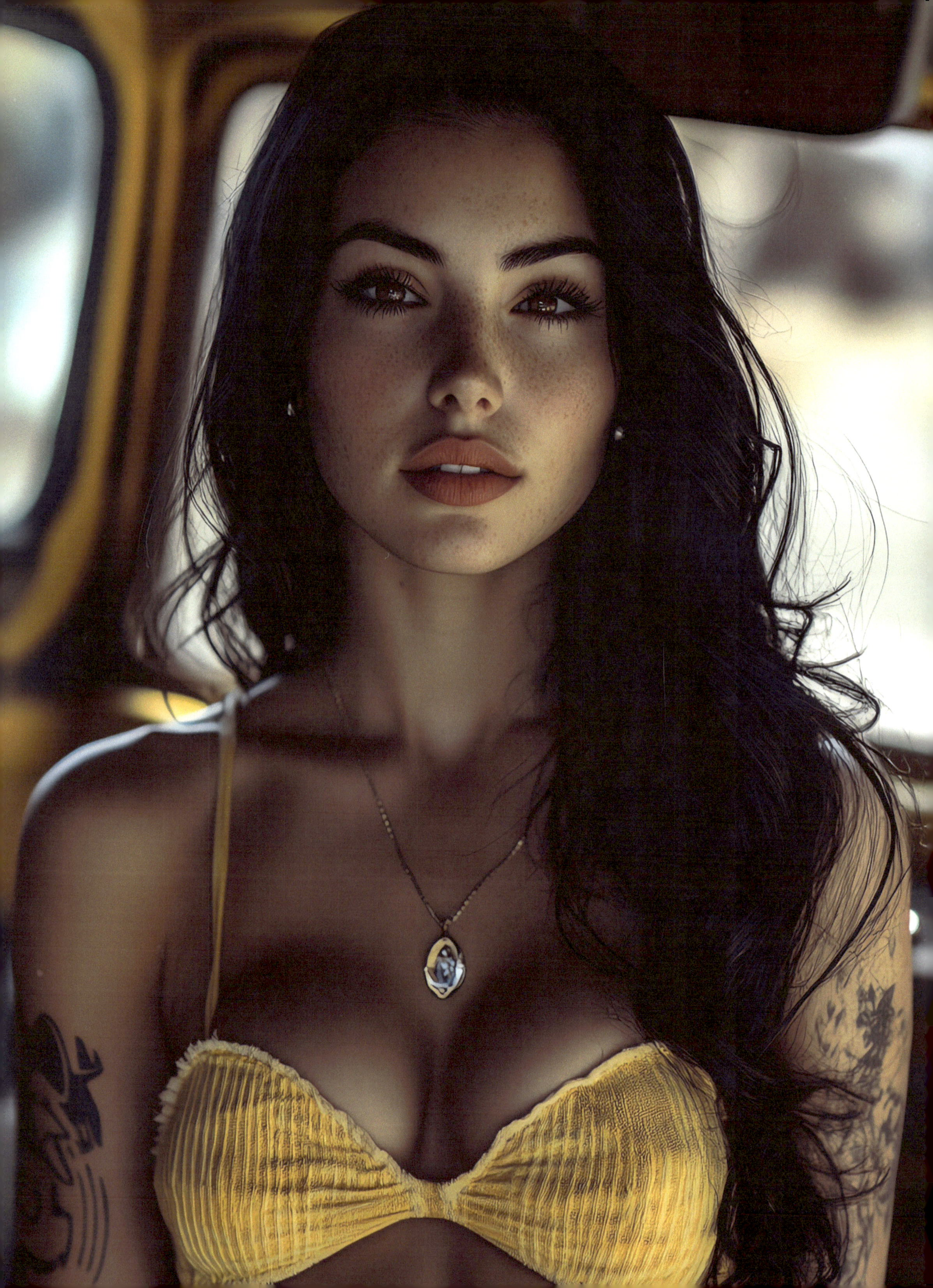

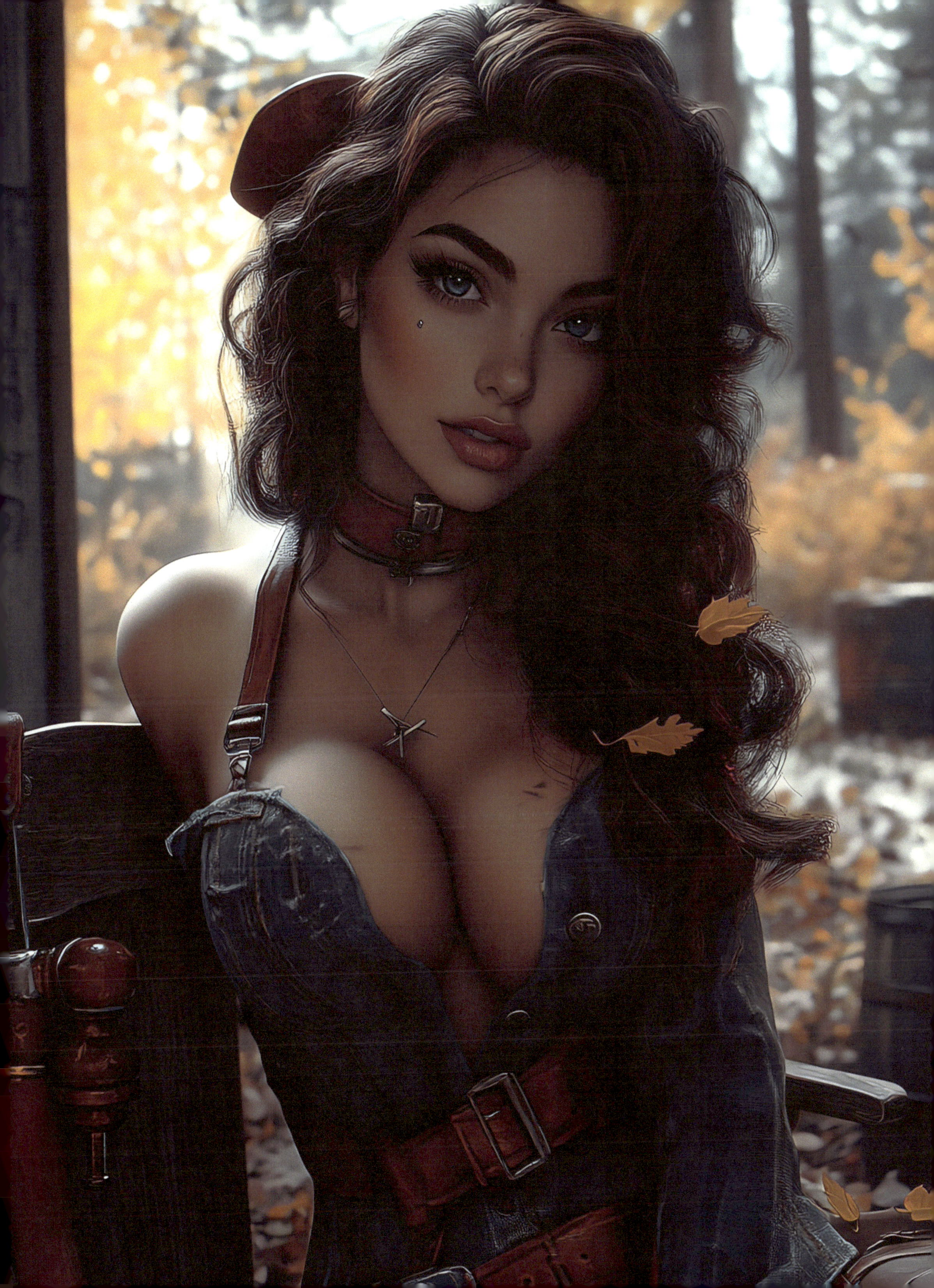

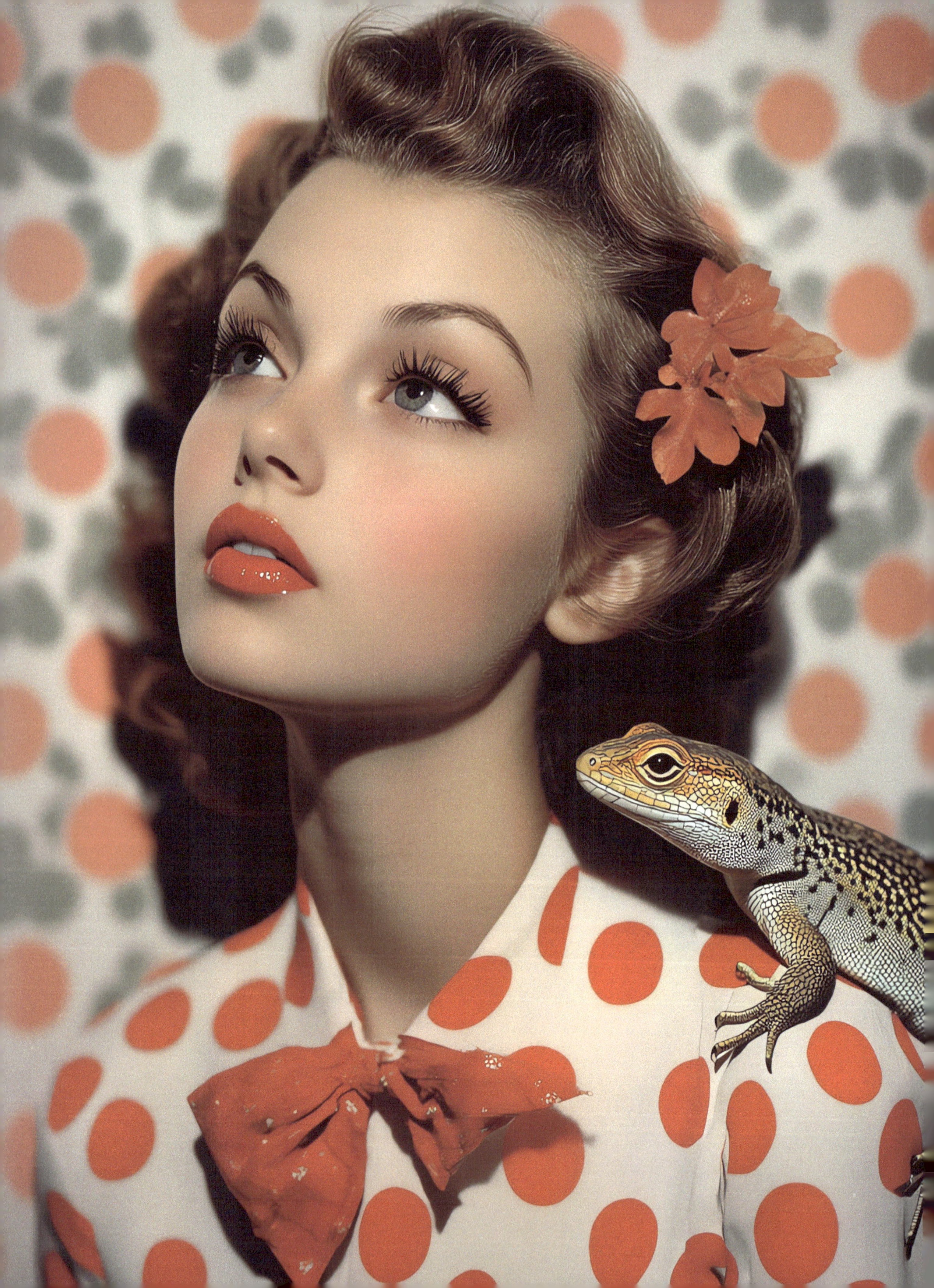

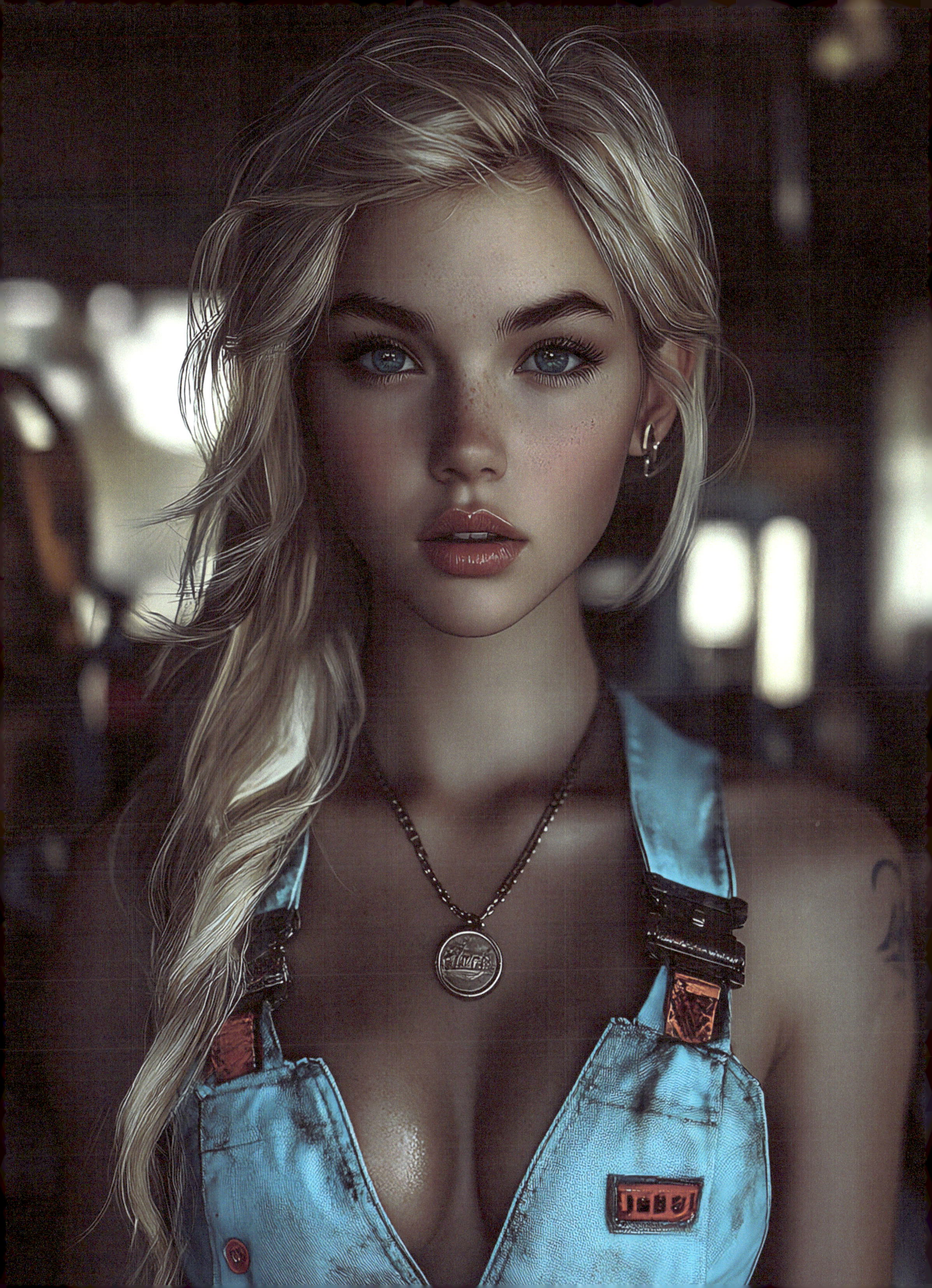

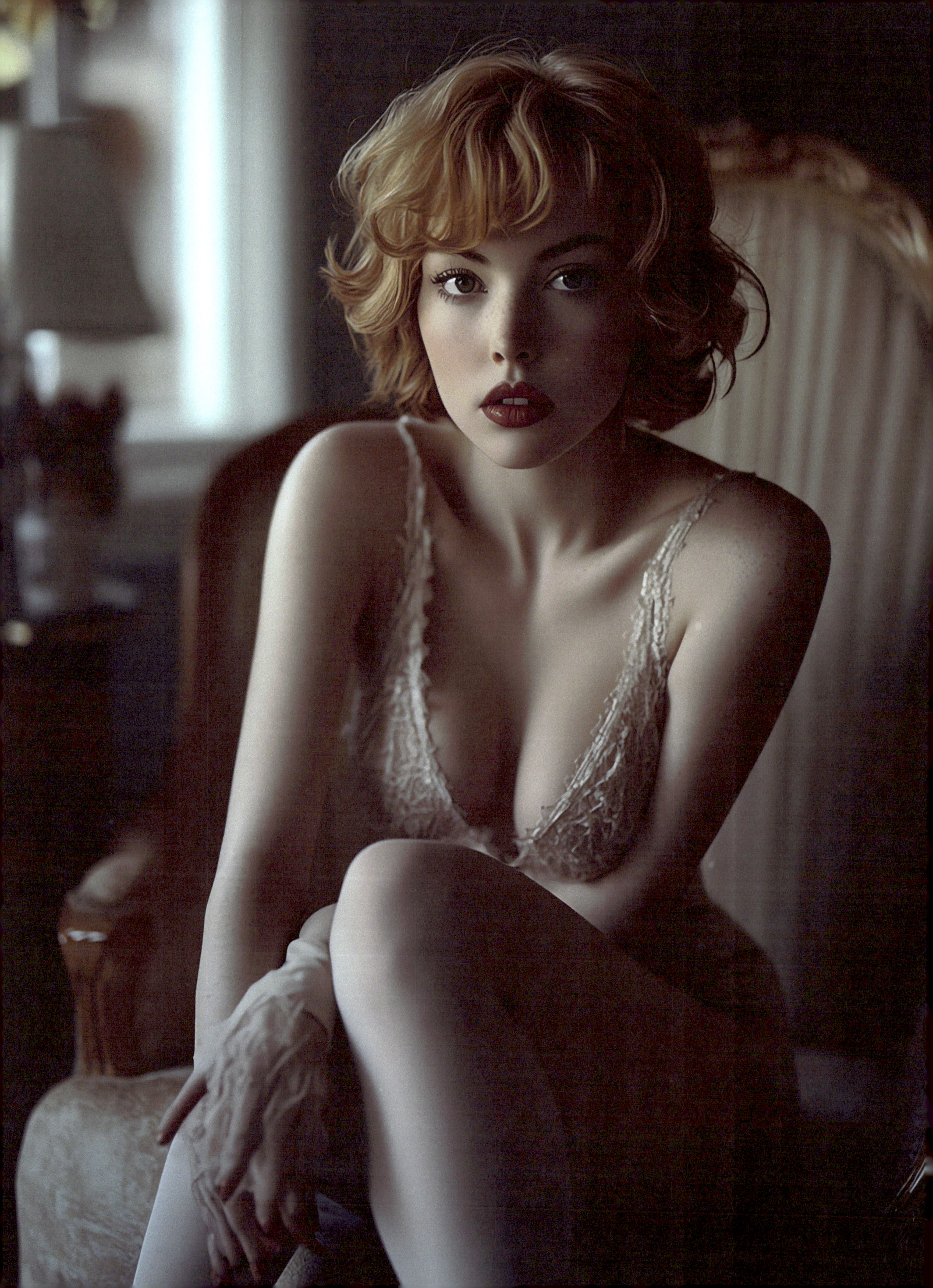

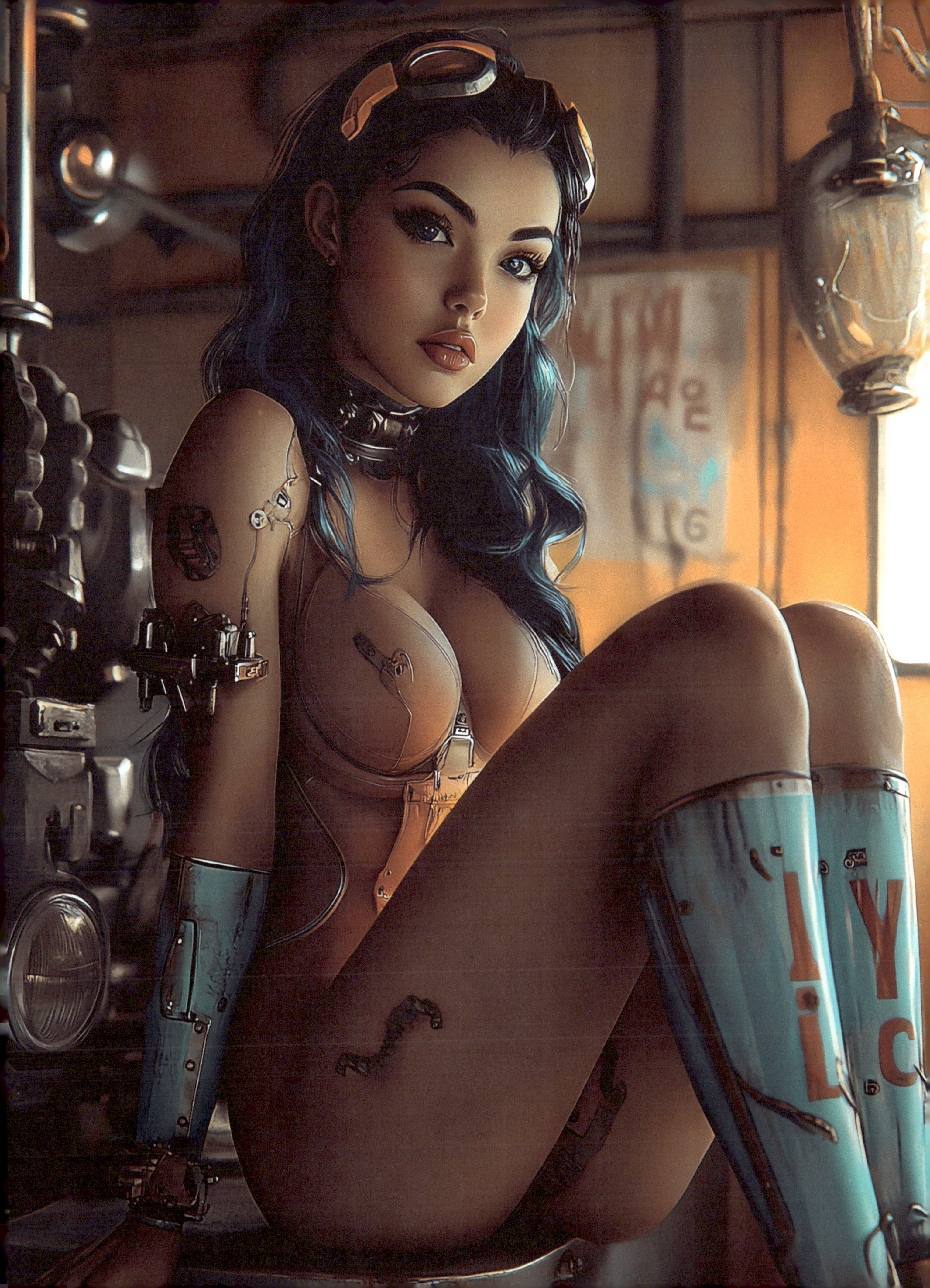

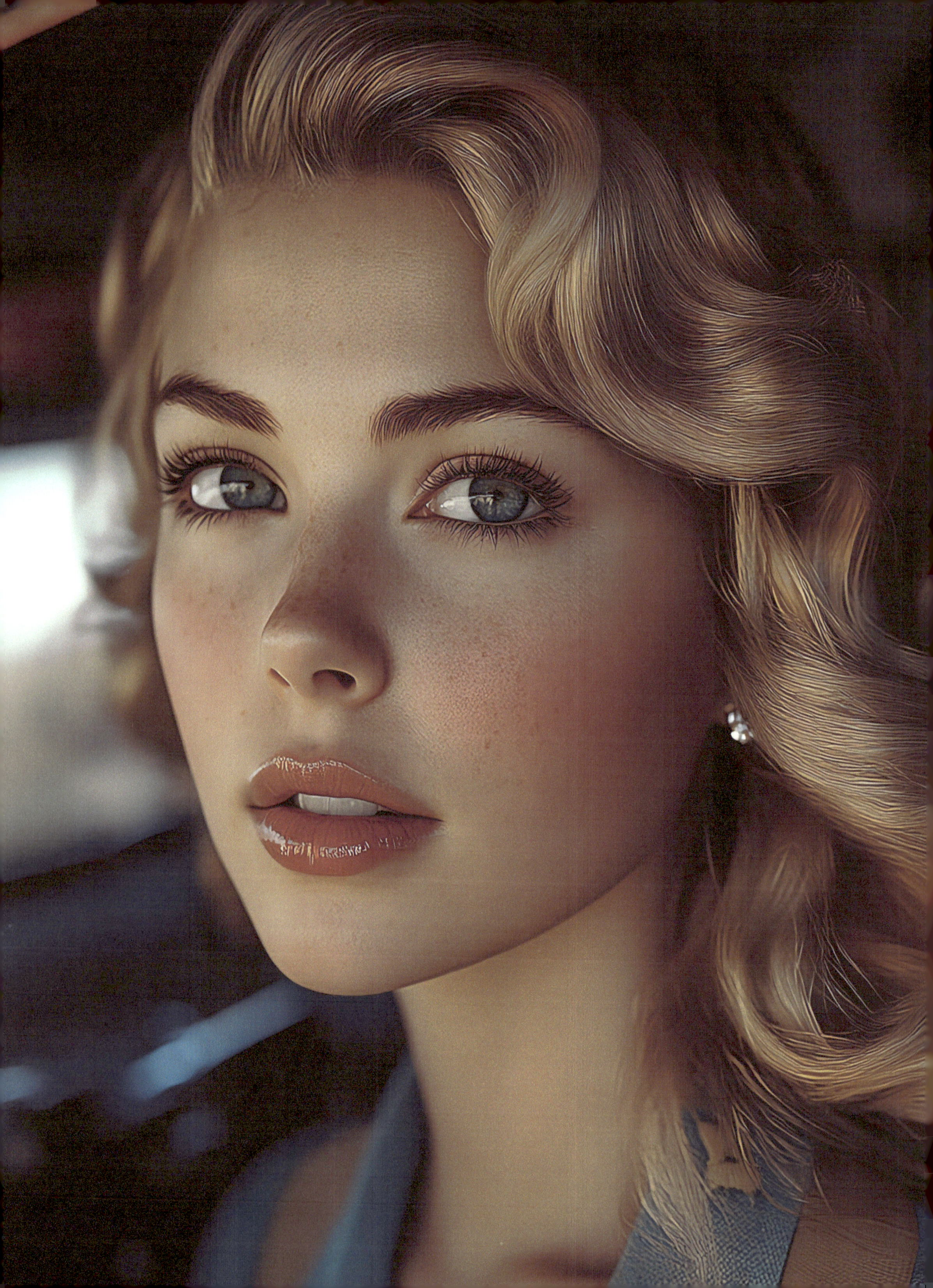

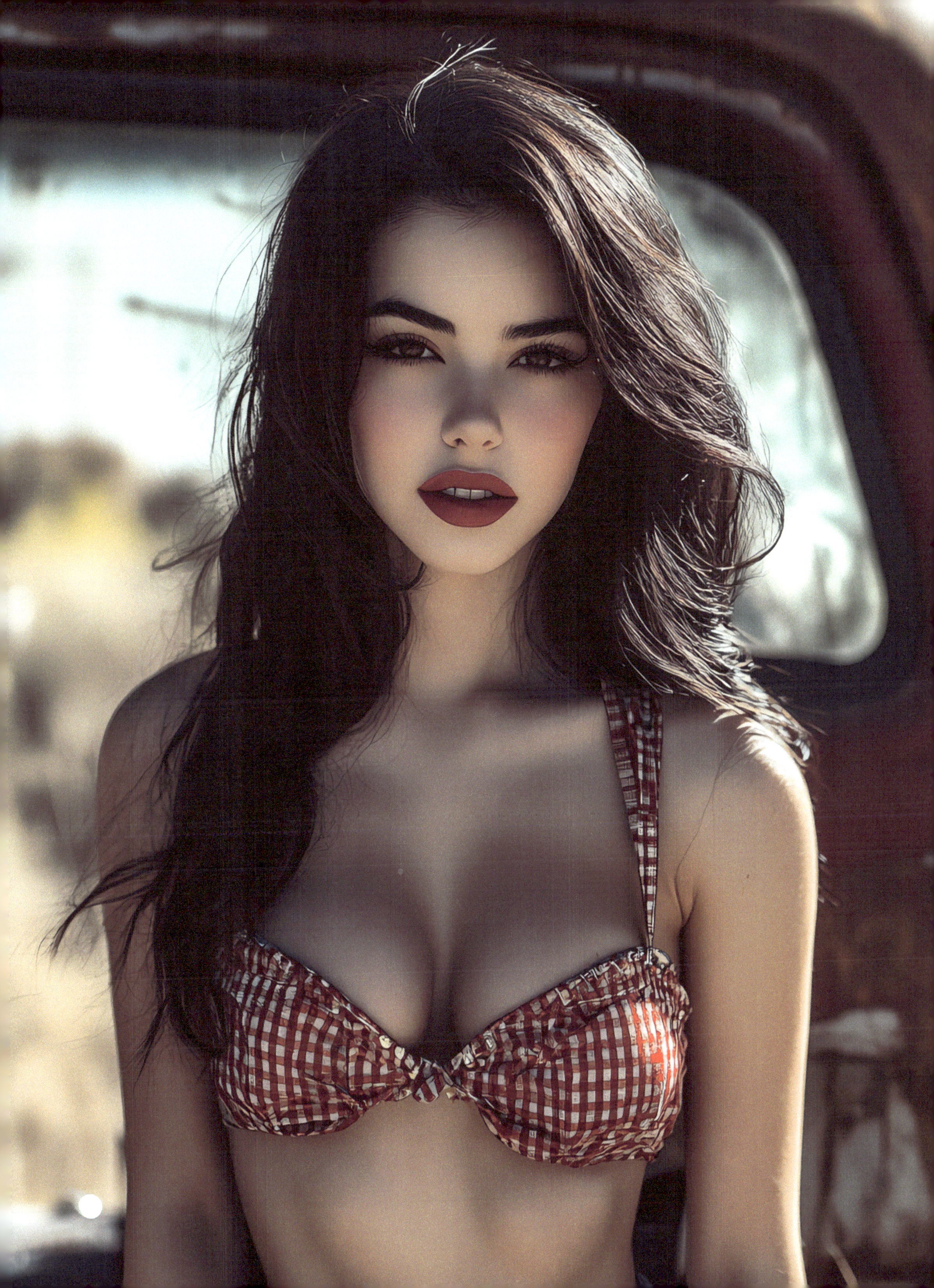

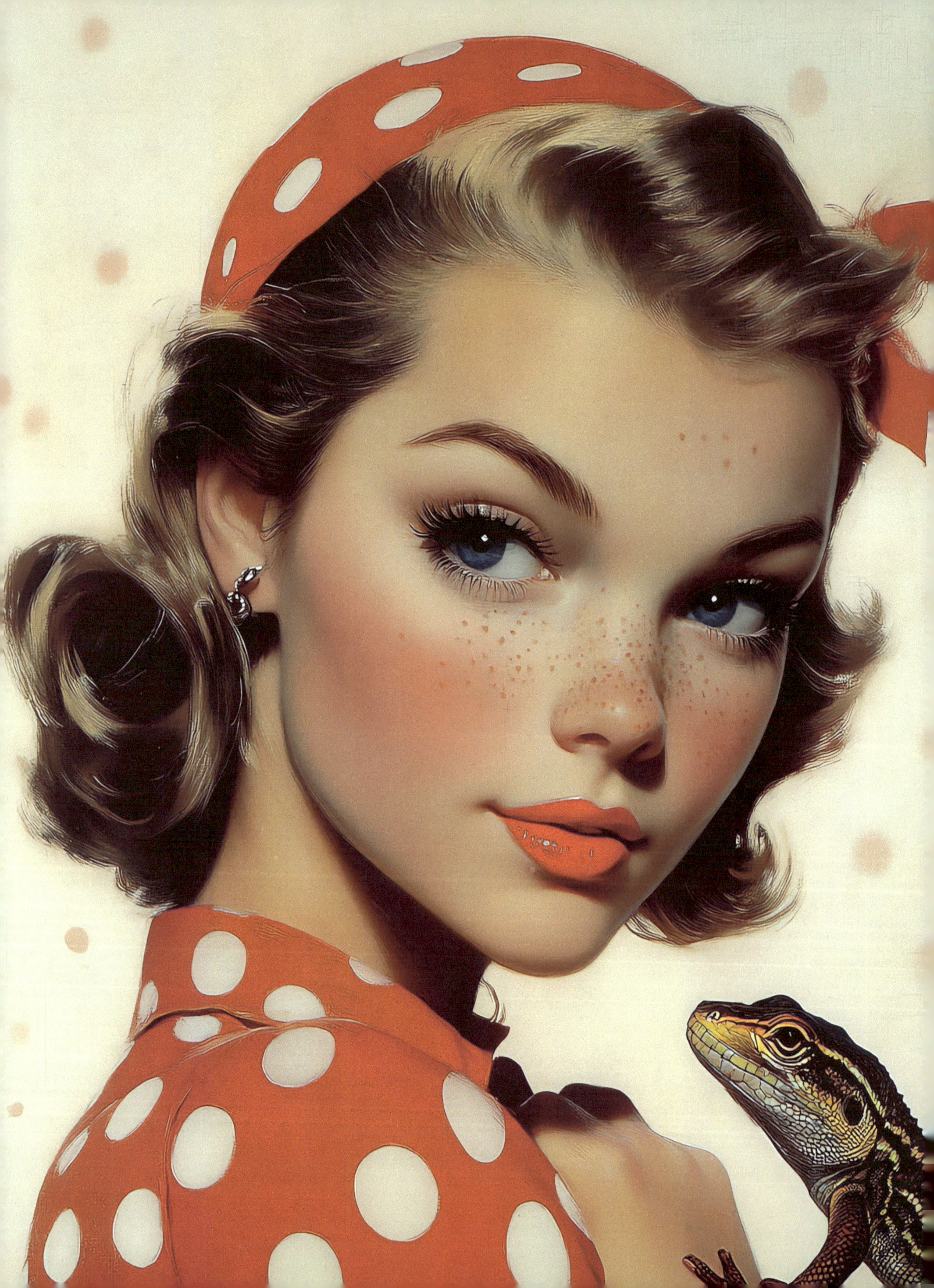

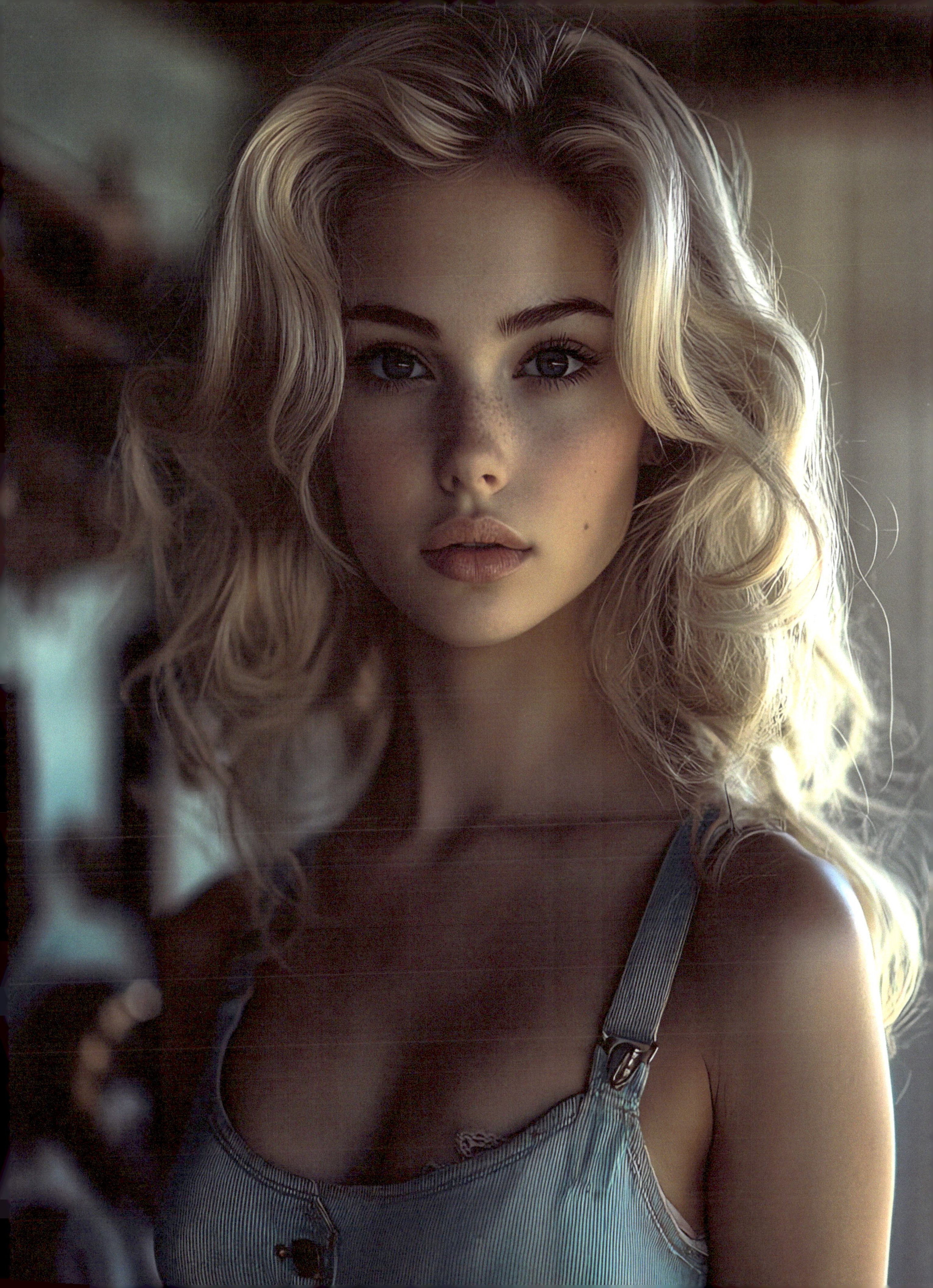

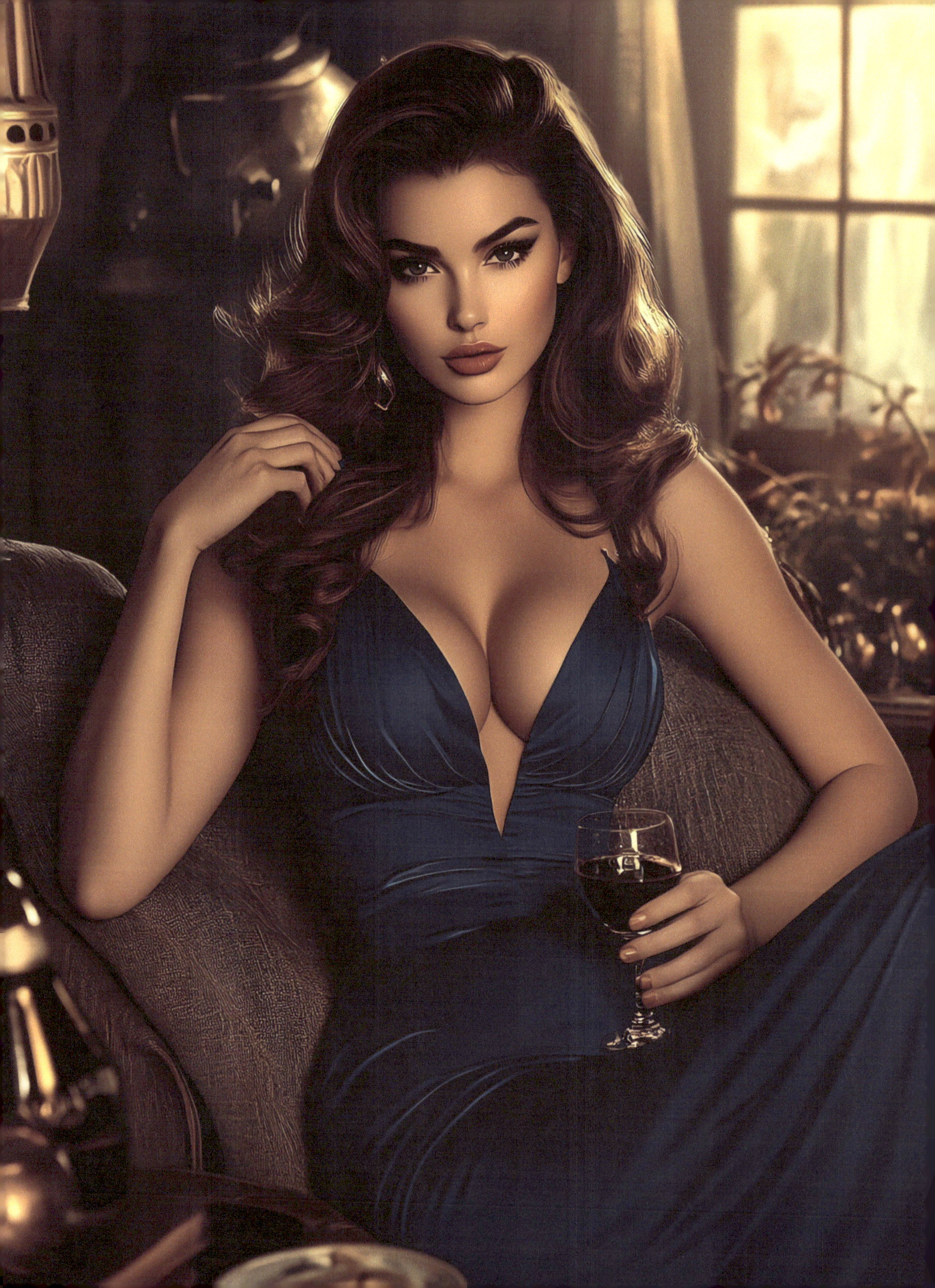

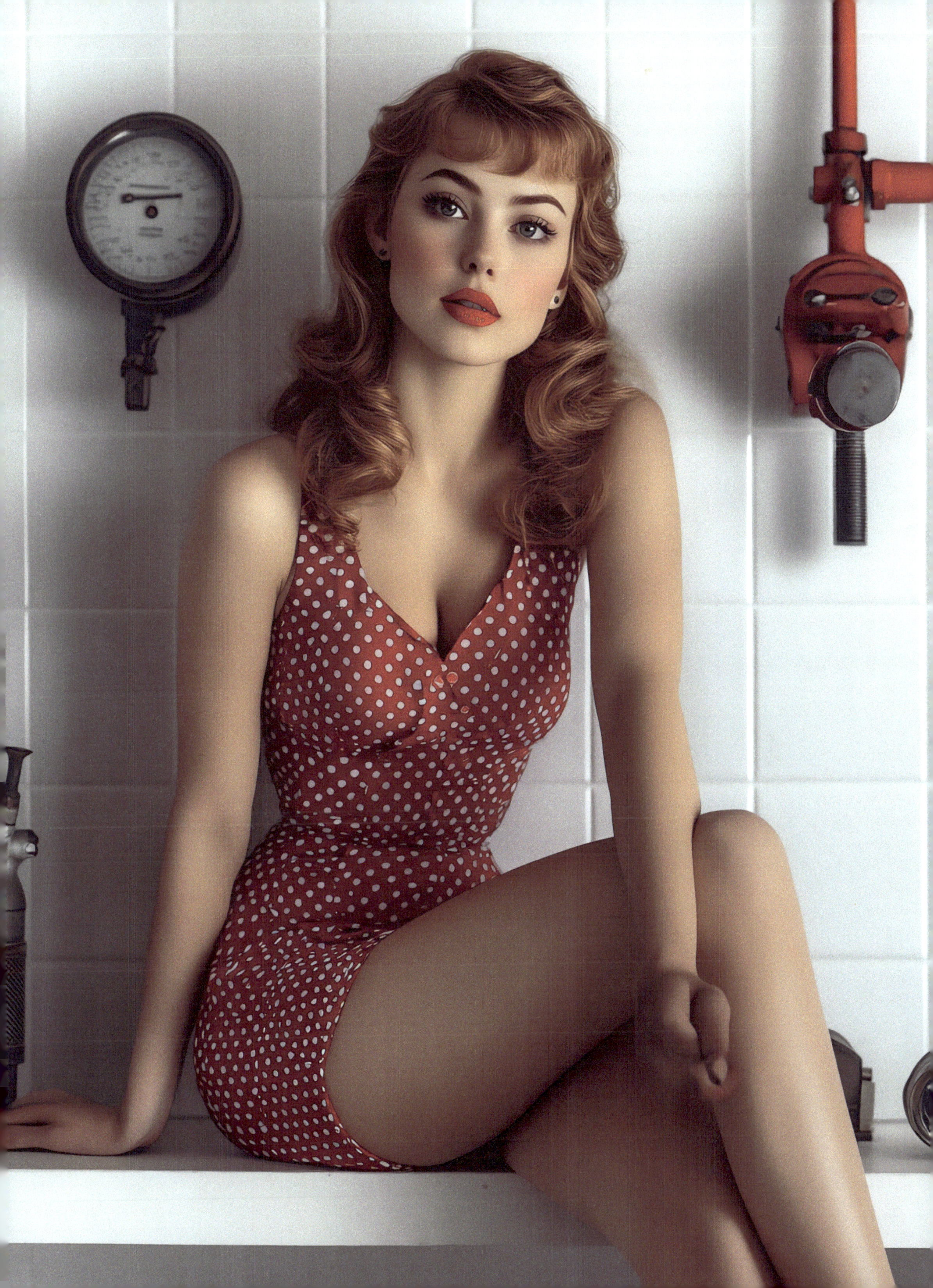

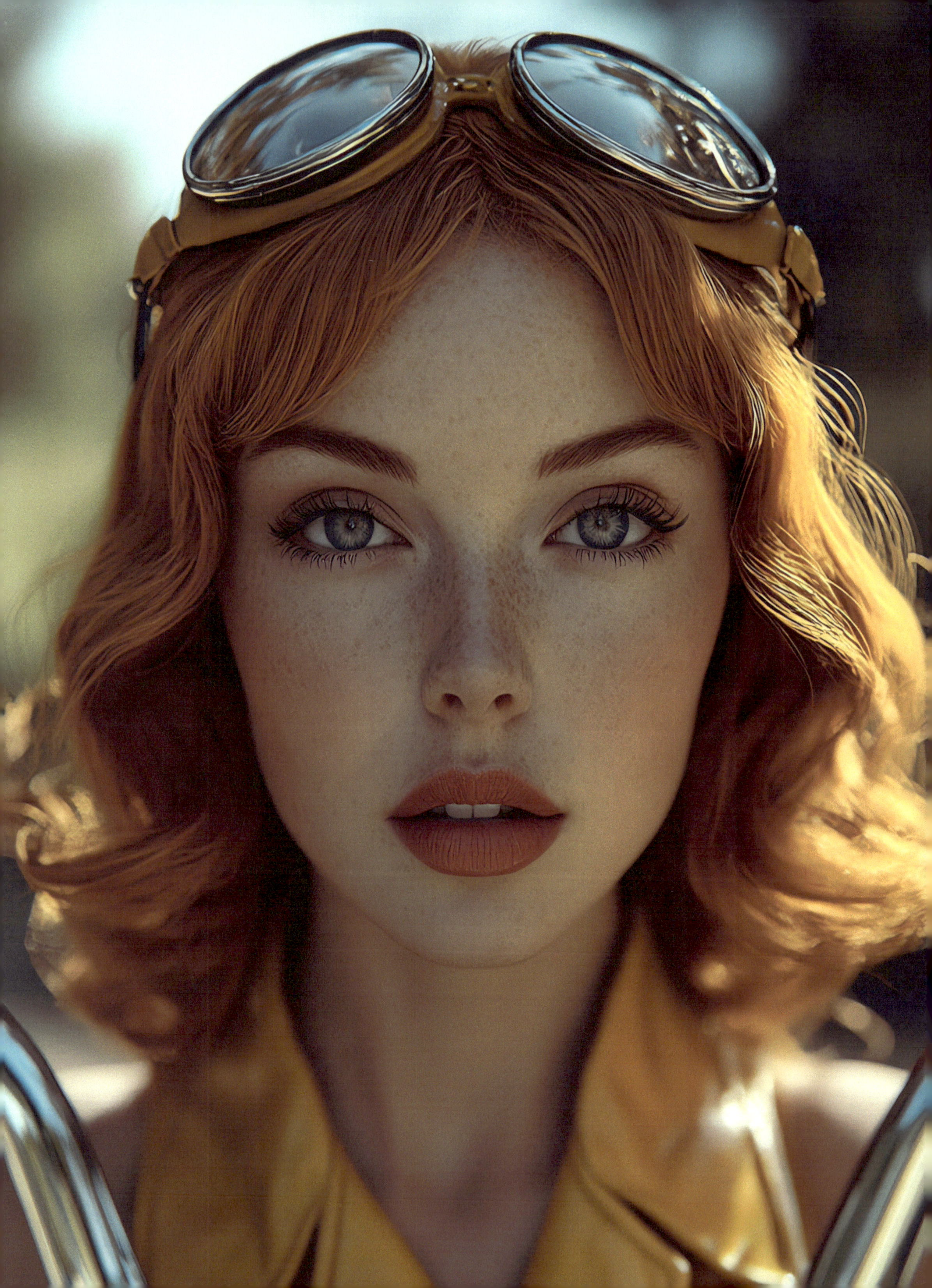

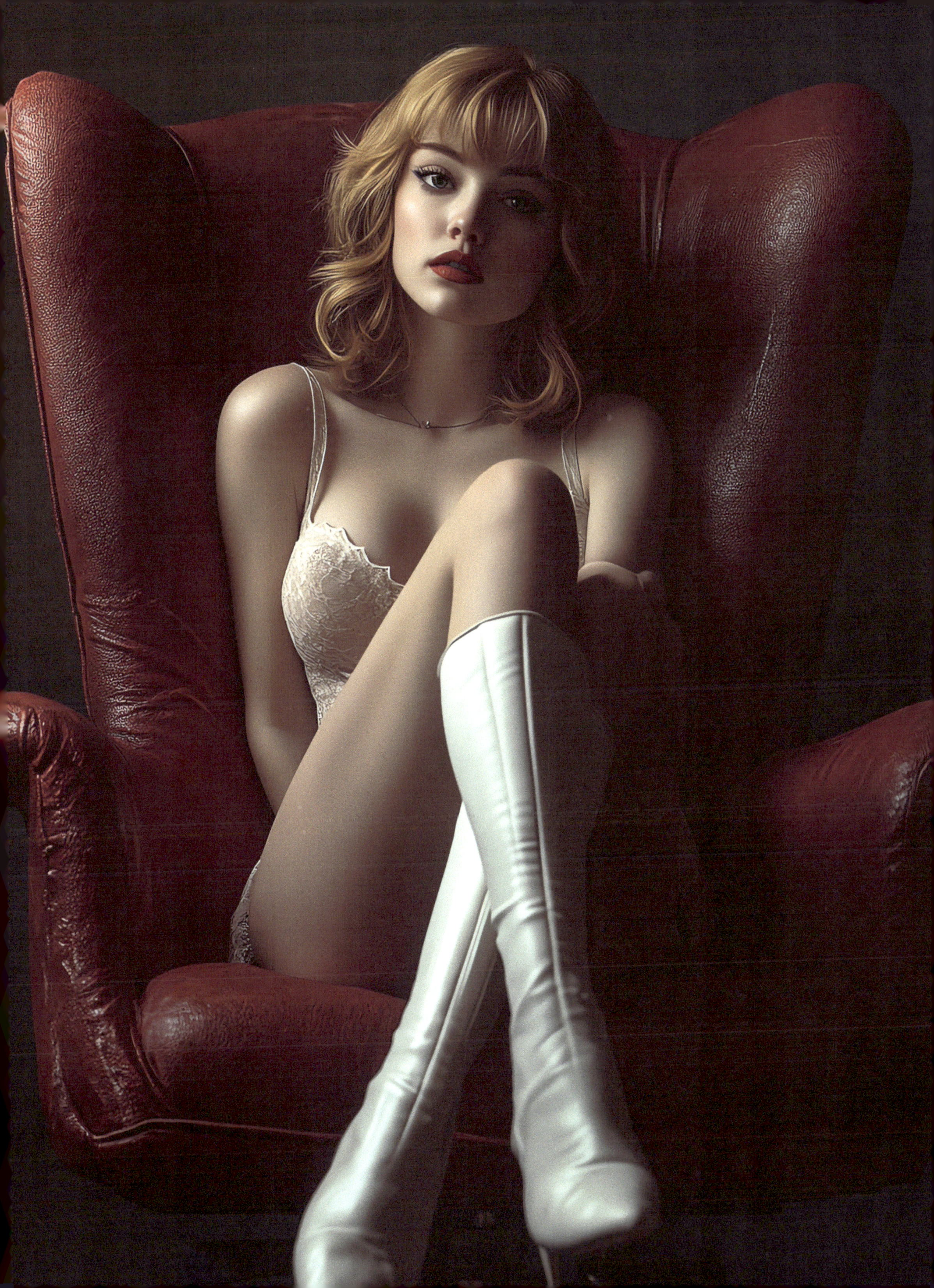

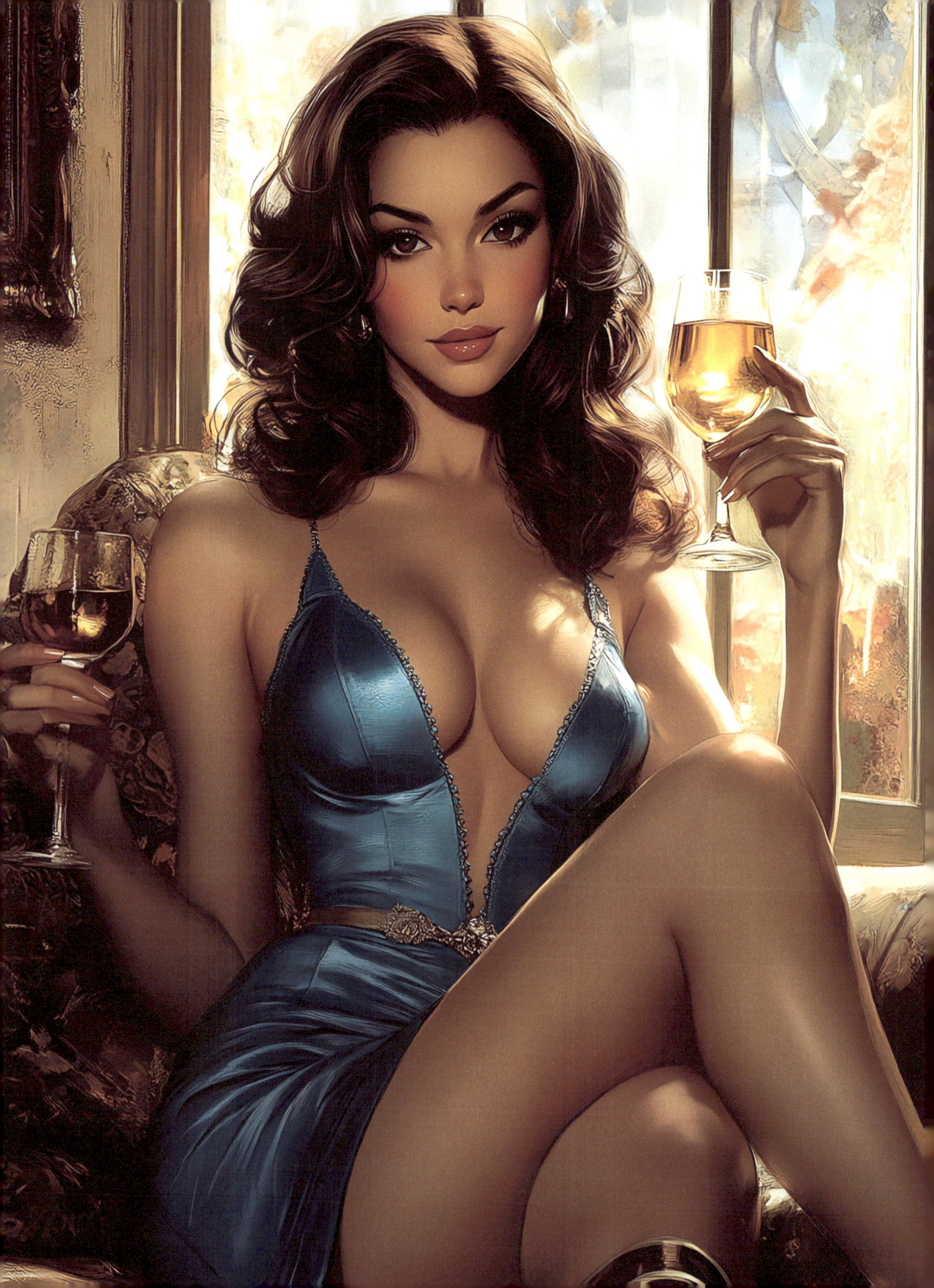

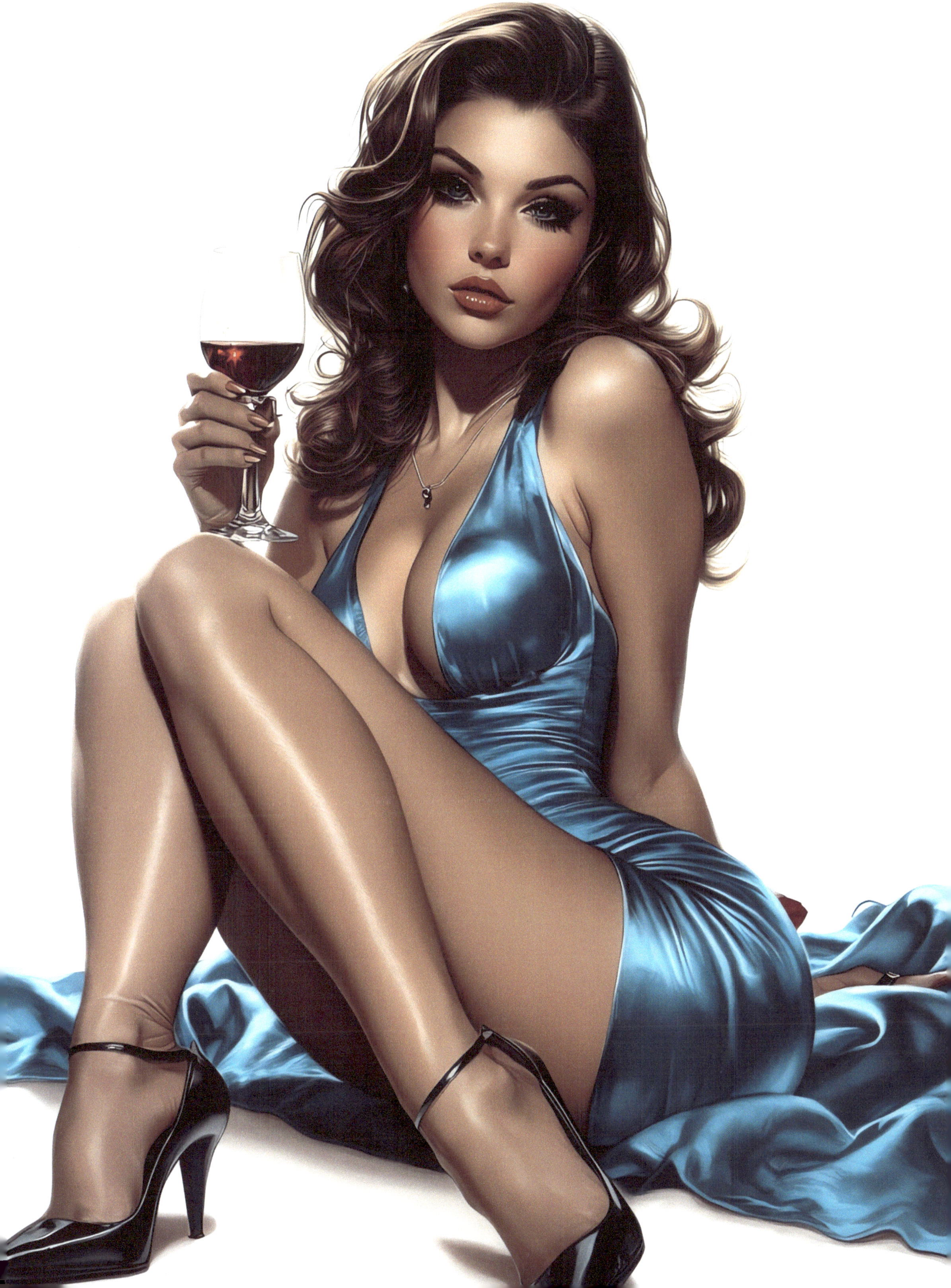

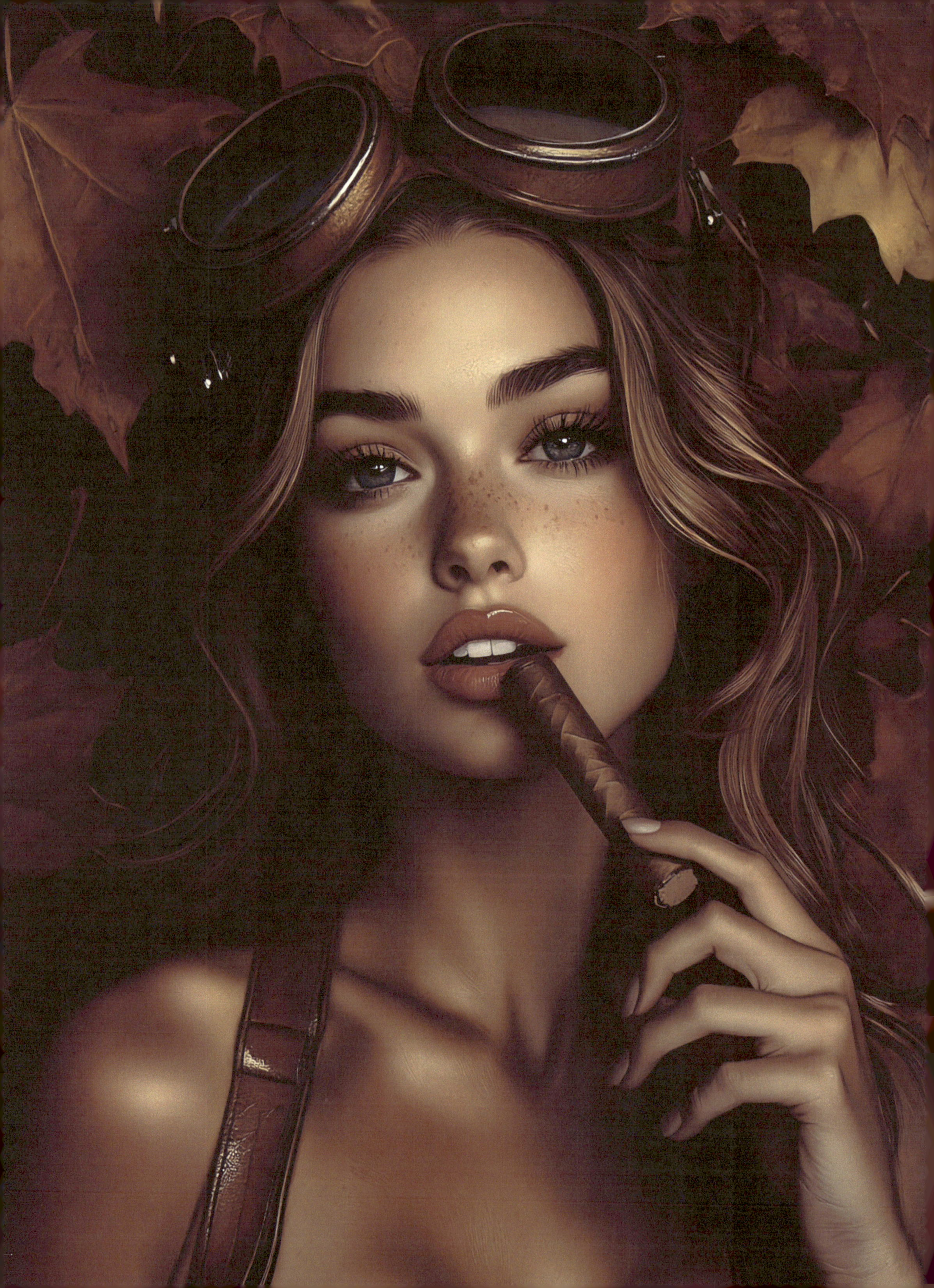

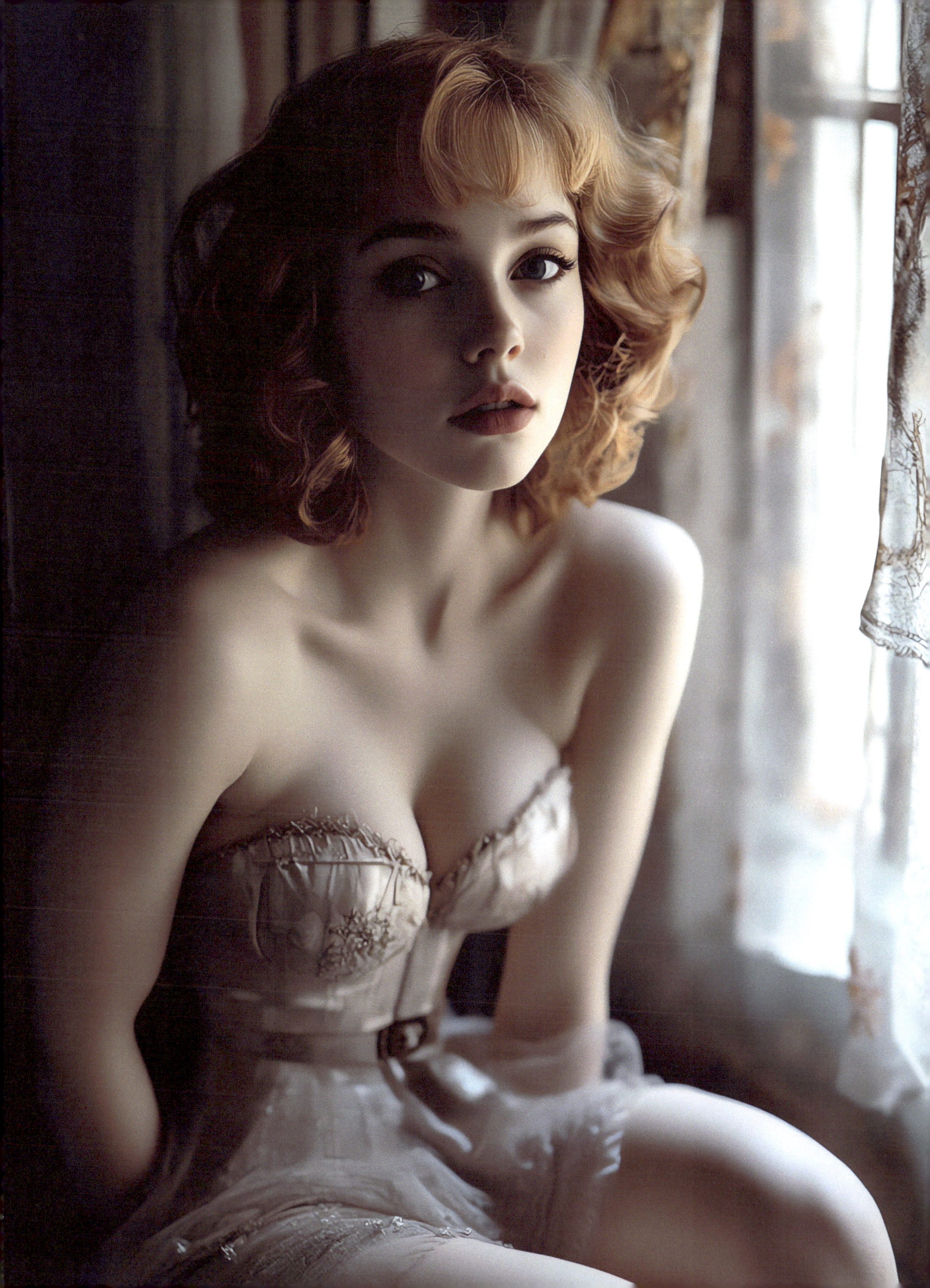

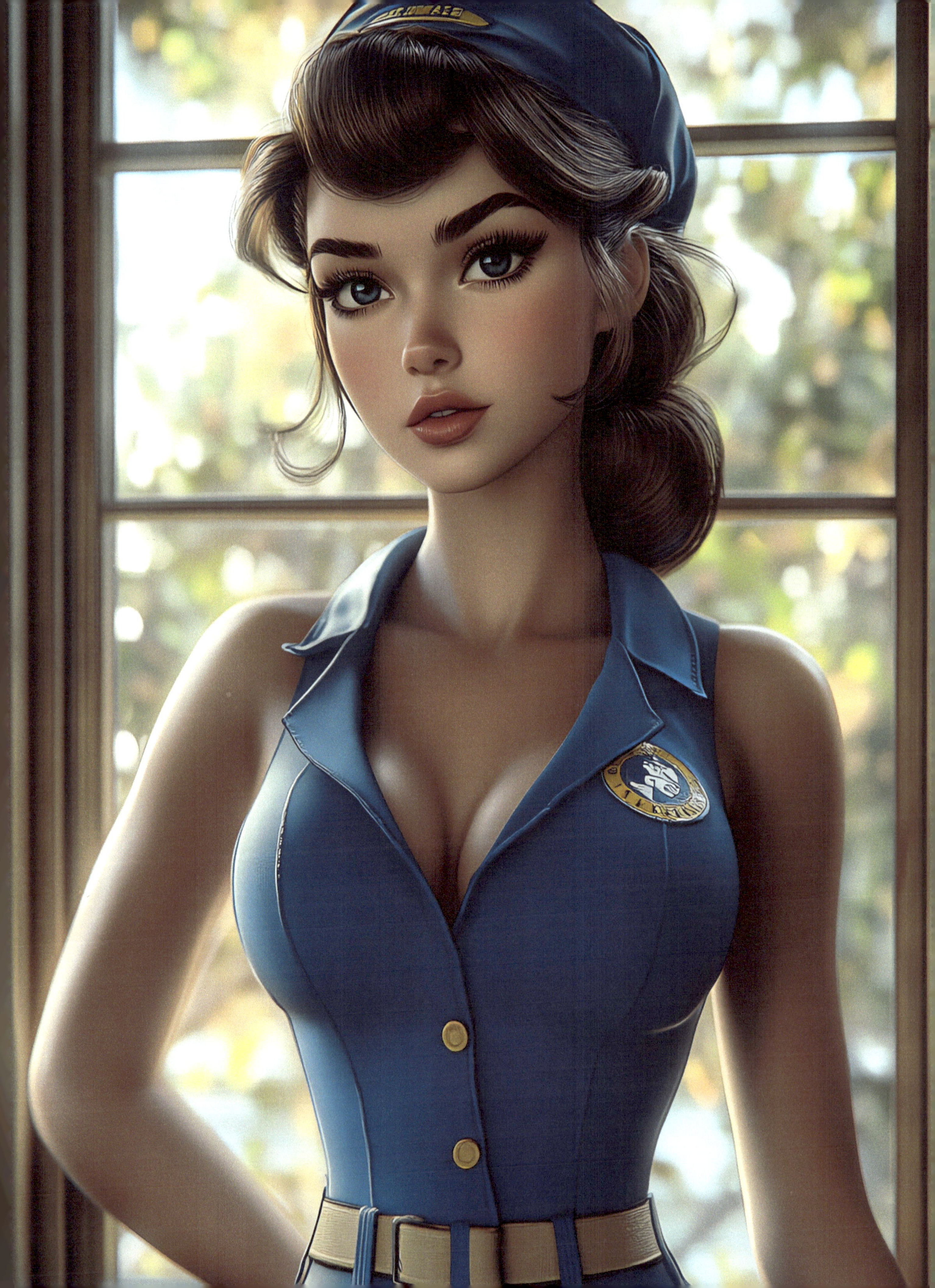

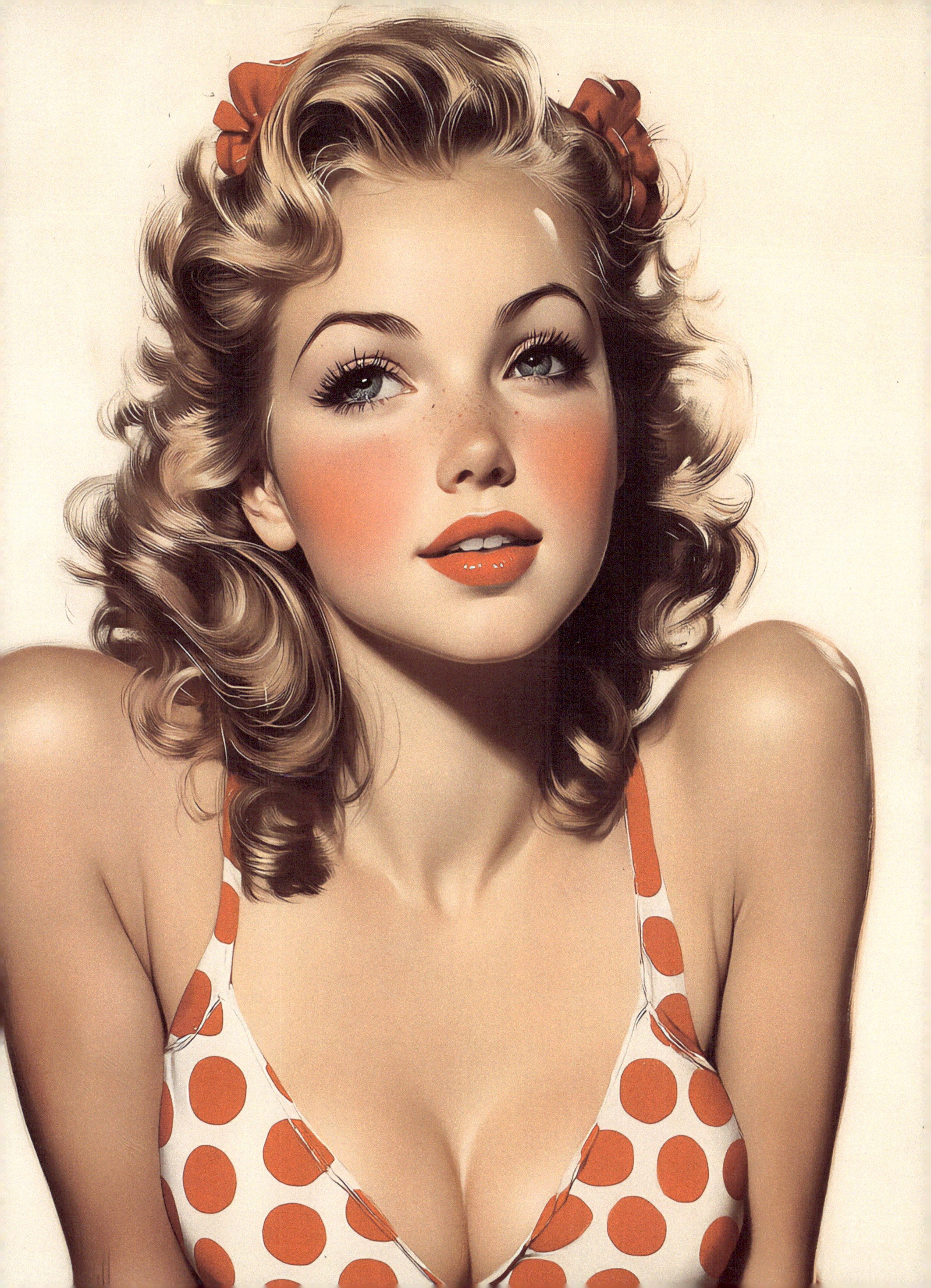

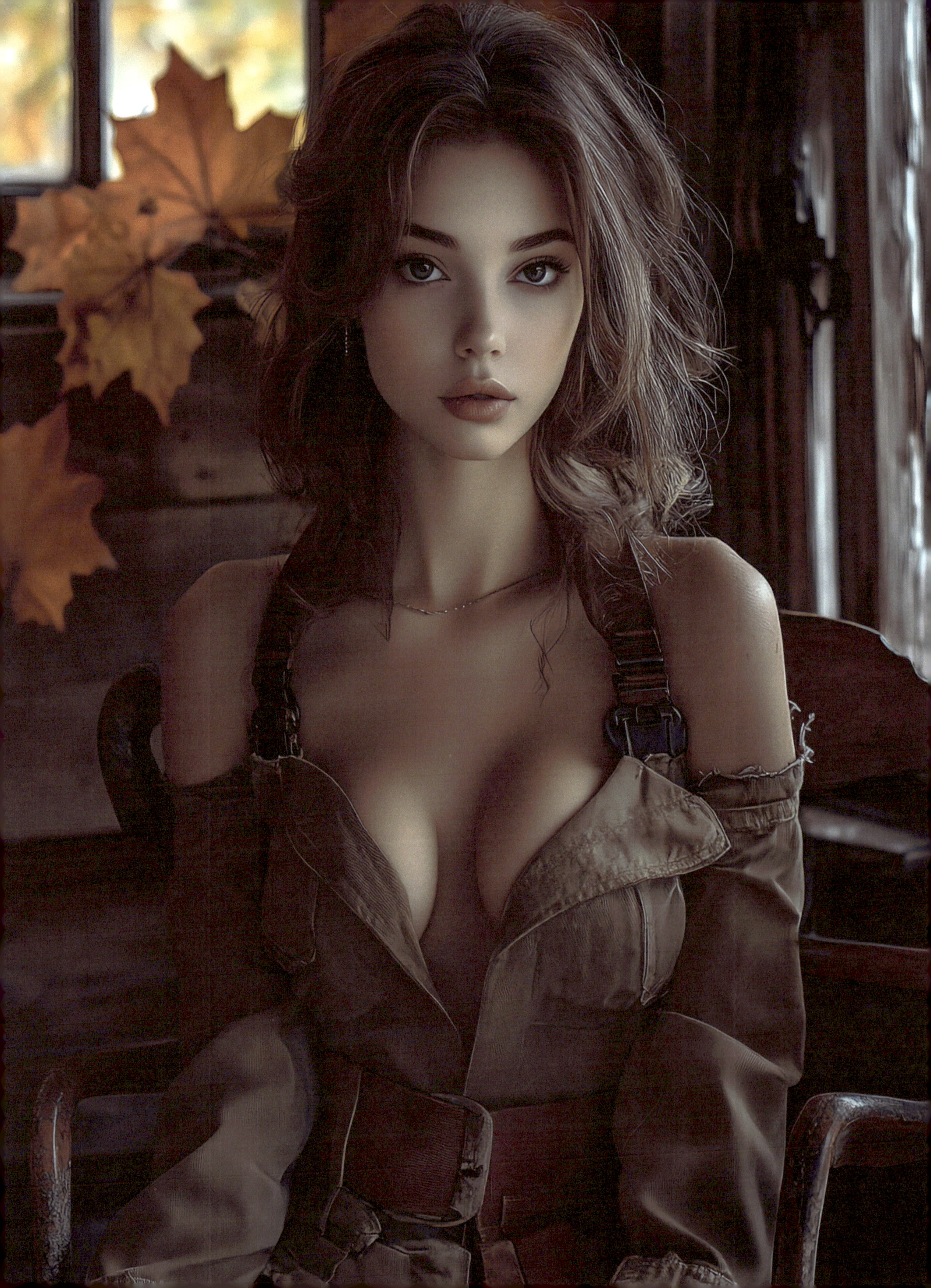

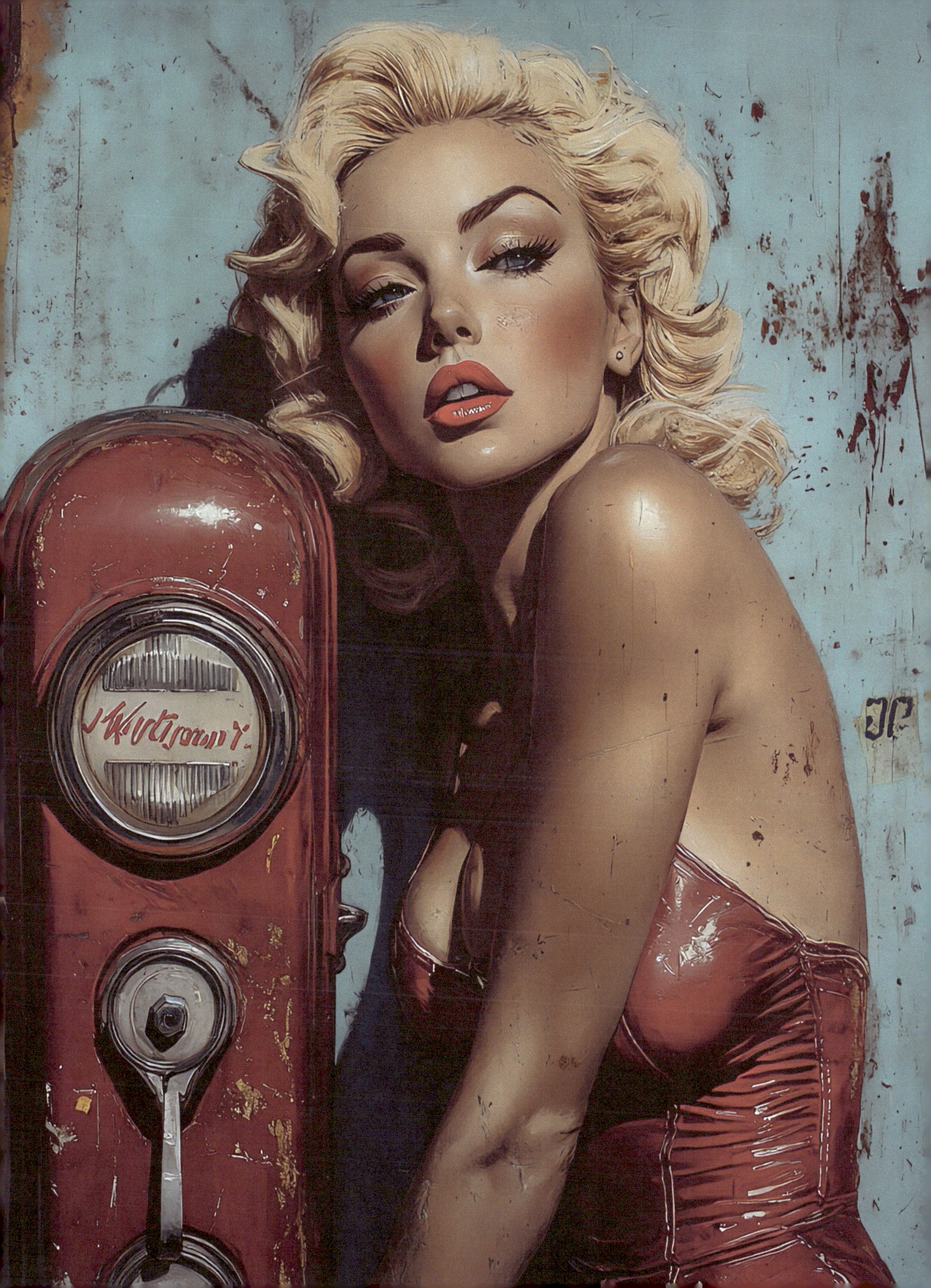

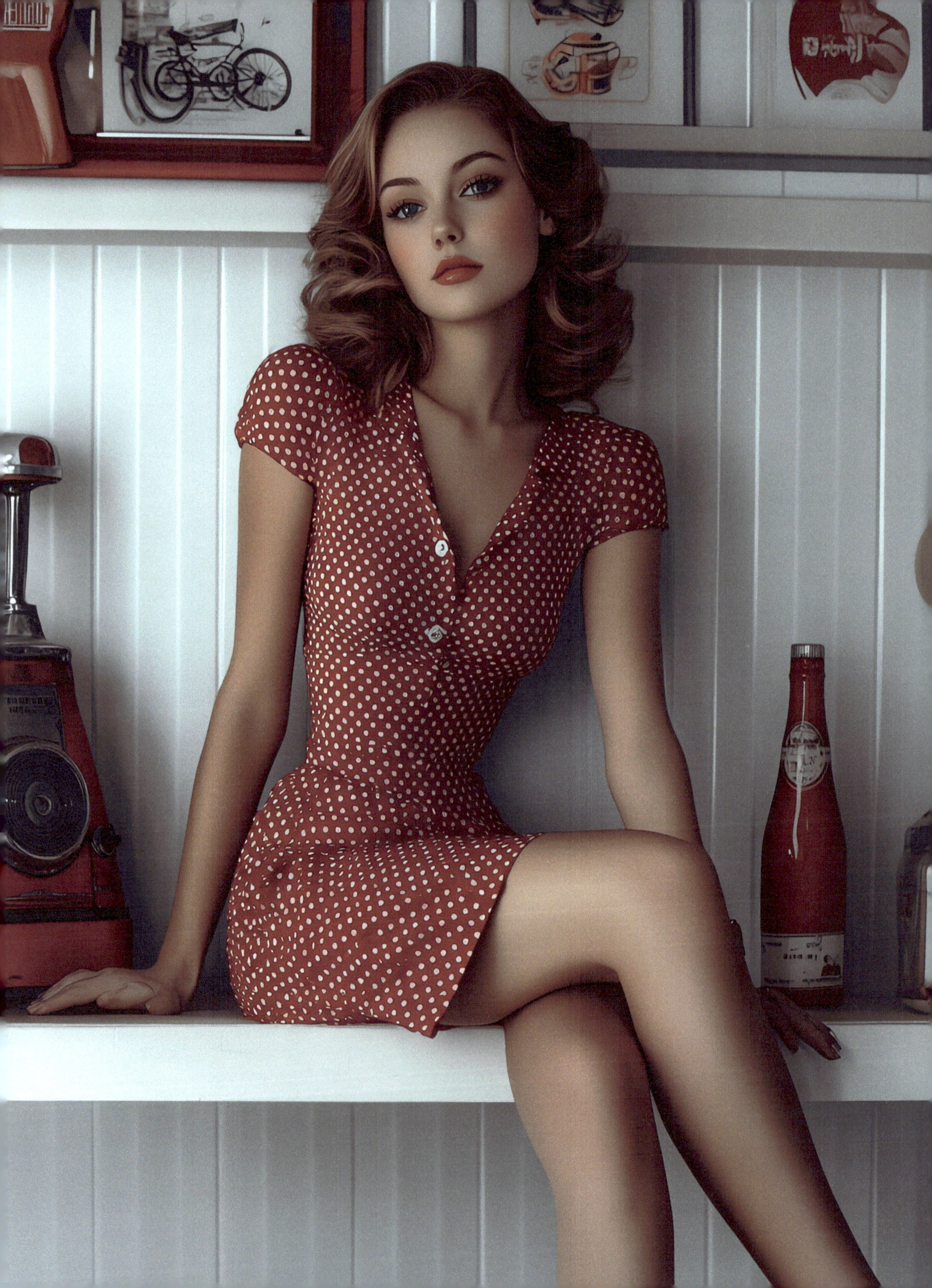

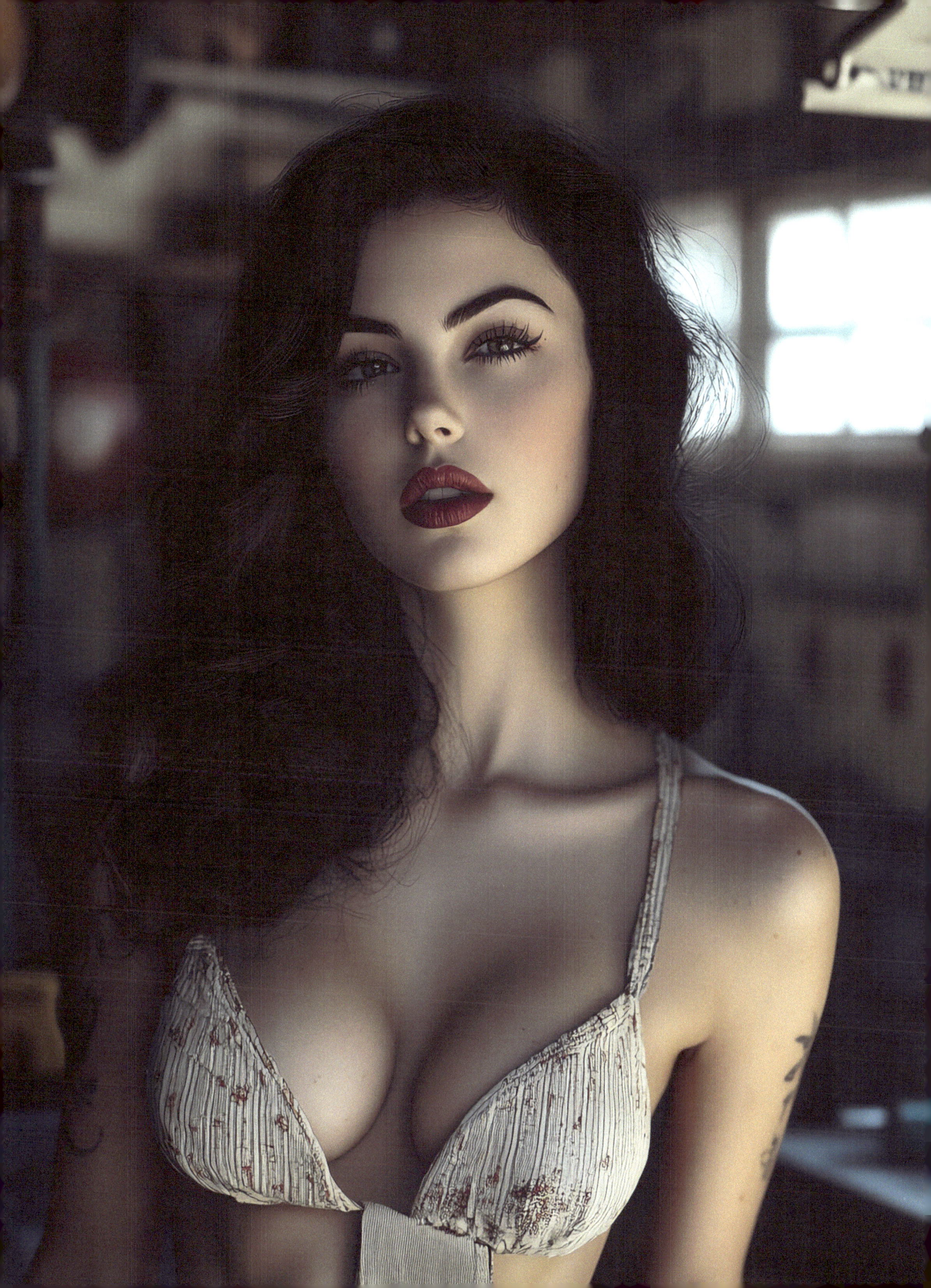

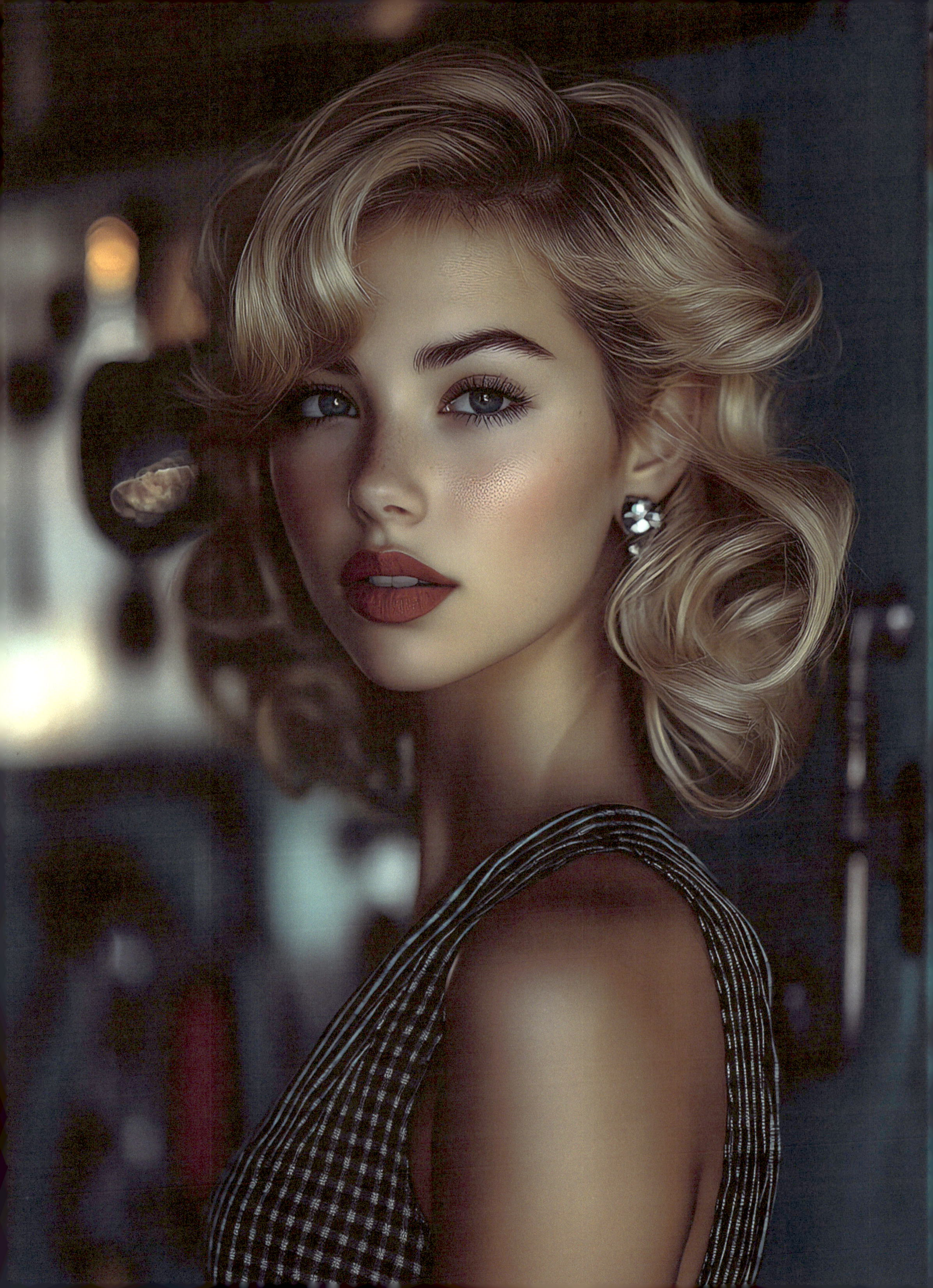

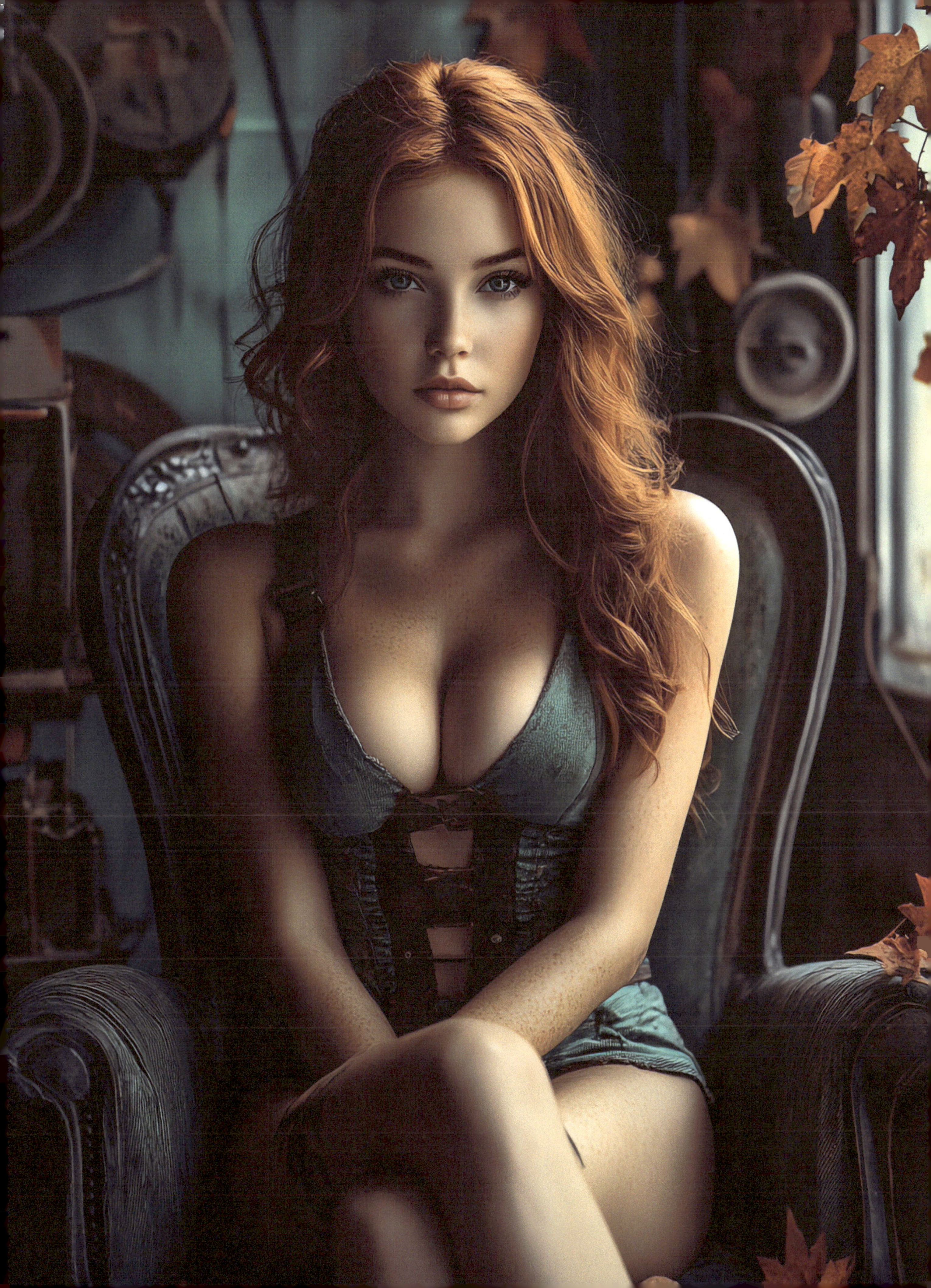

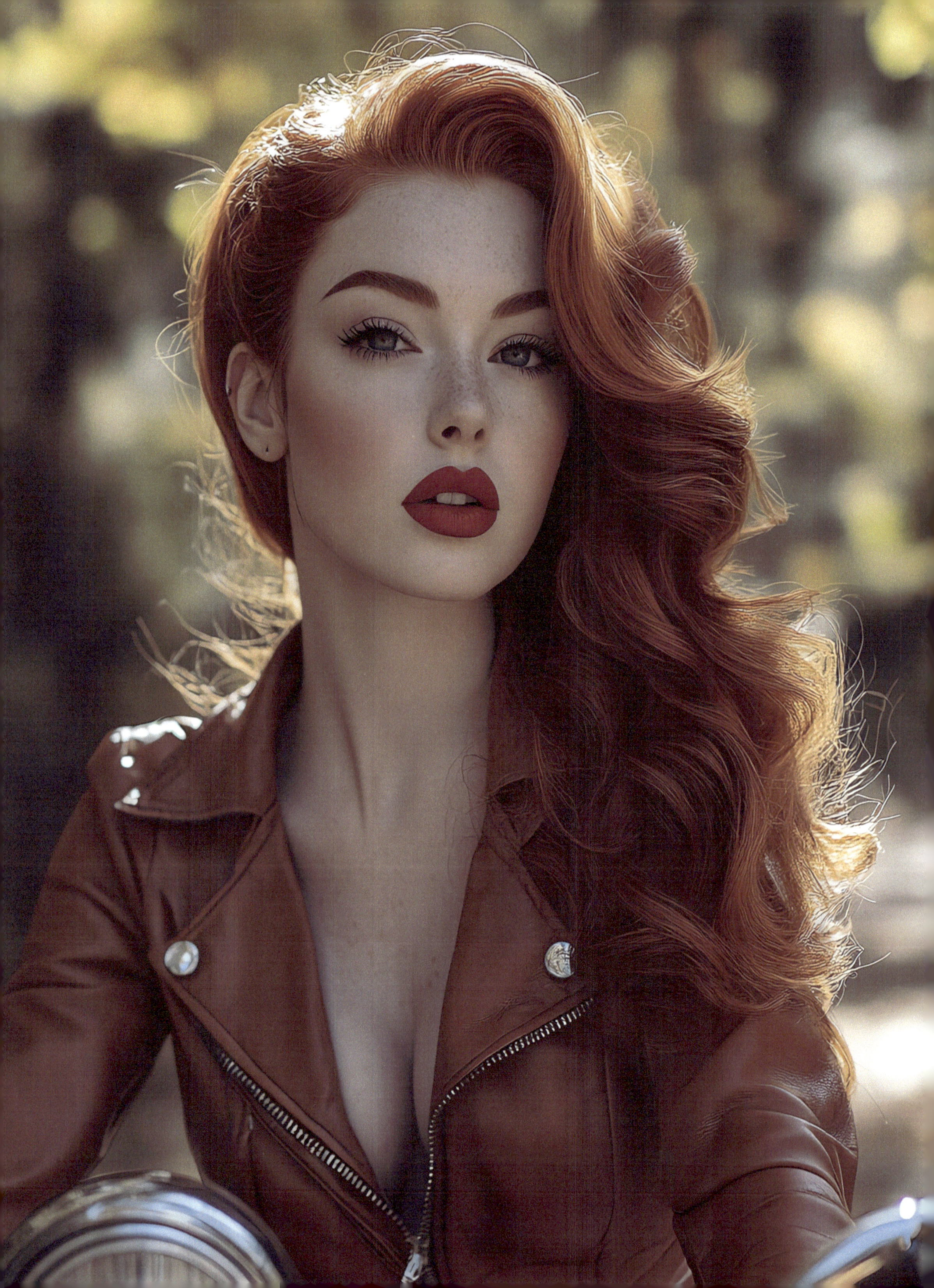

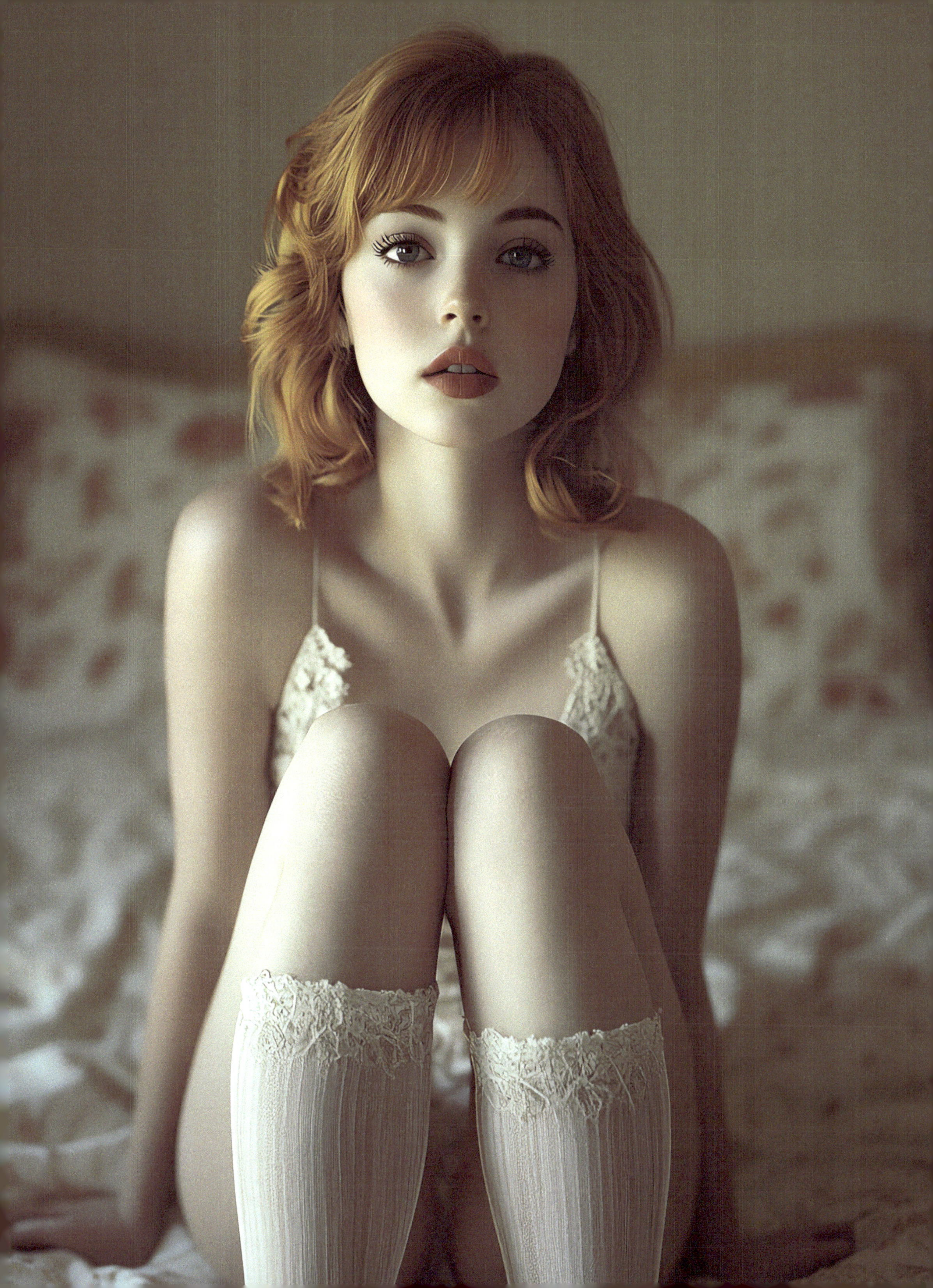

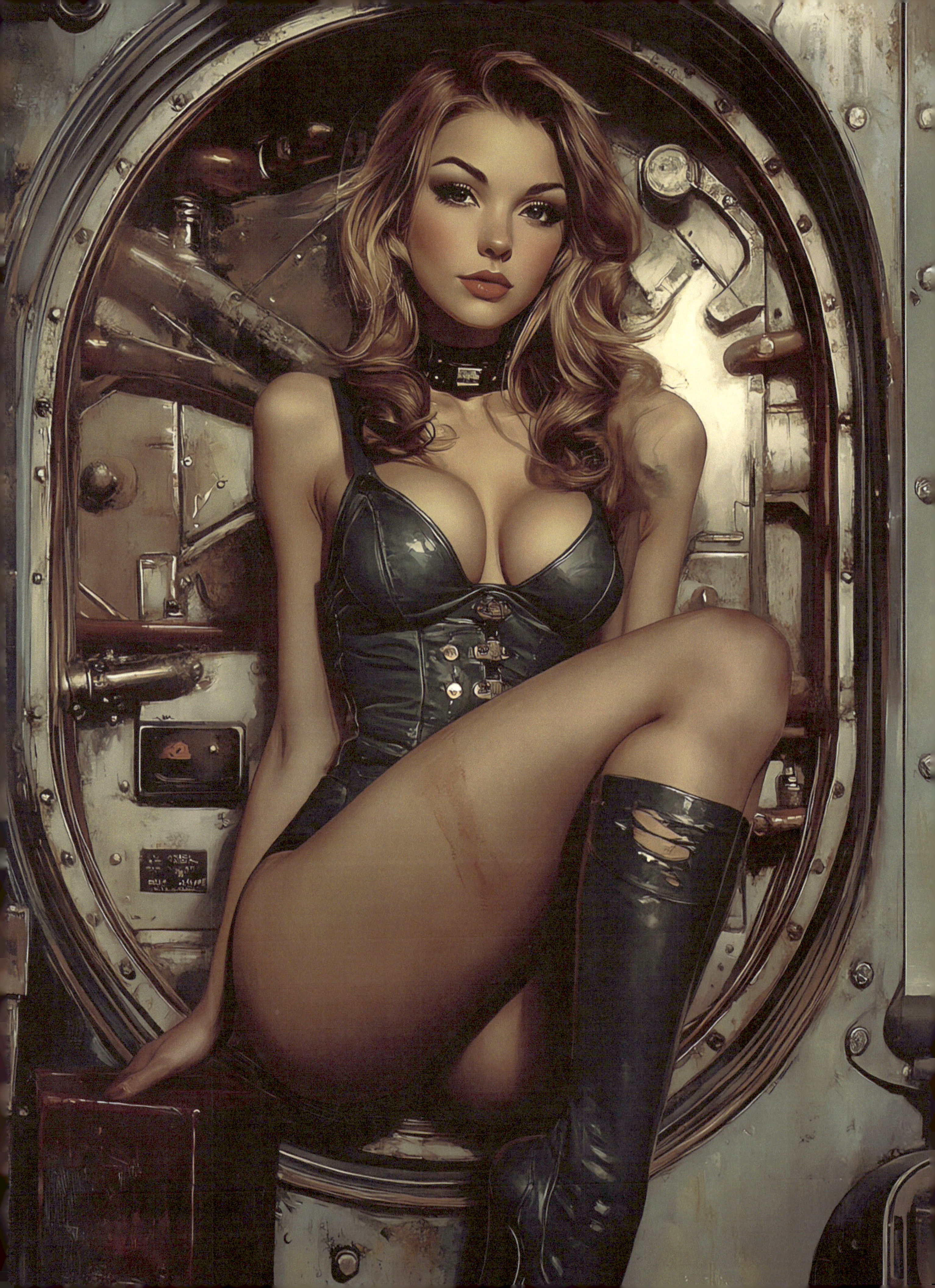

www.ingramcontent.com/pod-product-compliance
Lightning Source LLC
Chambersburg PA
CBHW040431220526
45473CB00004B/1404
* 9 7 9 8 3 0 1 2 2 1 3 5 4 *

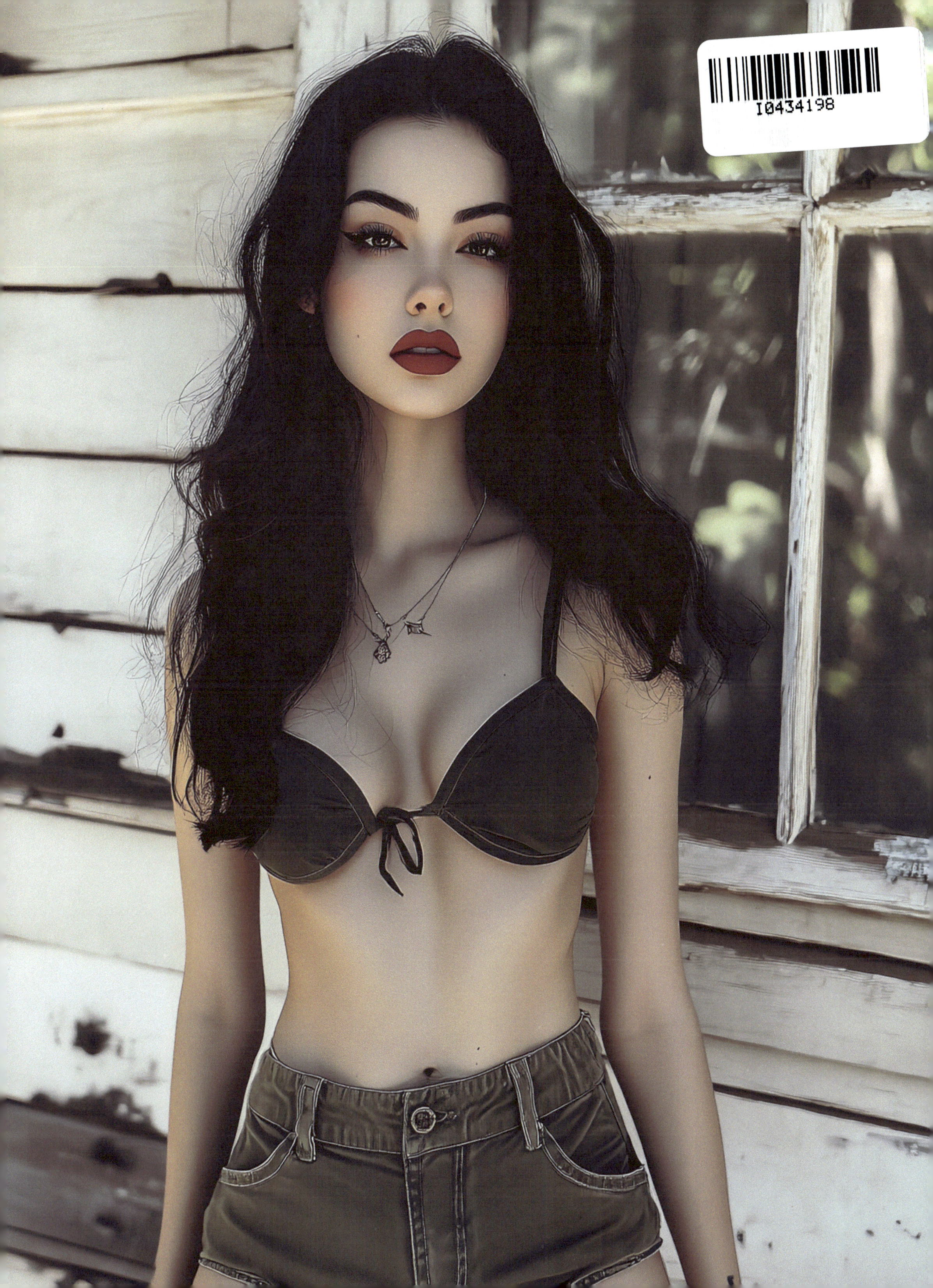

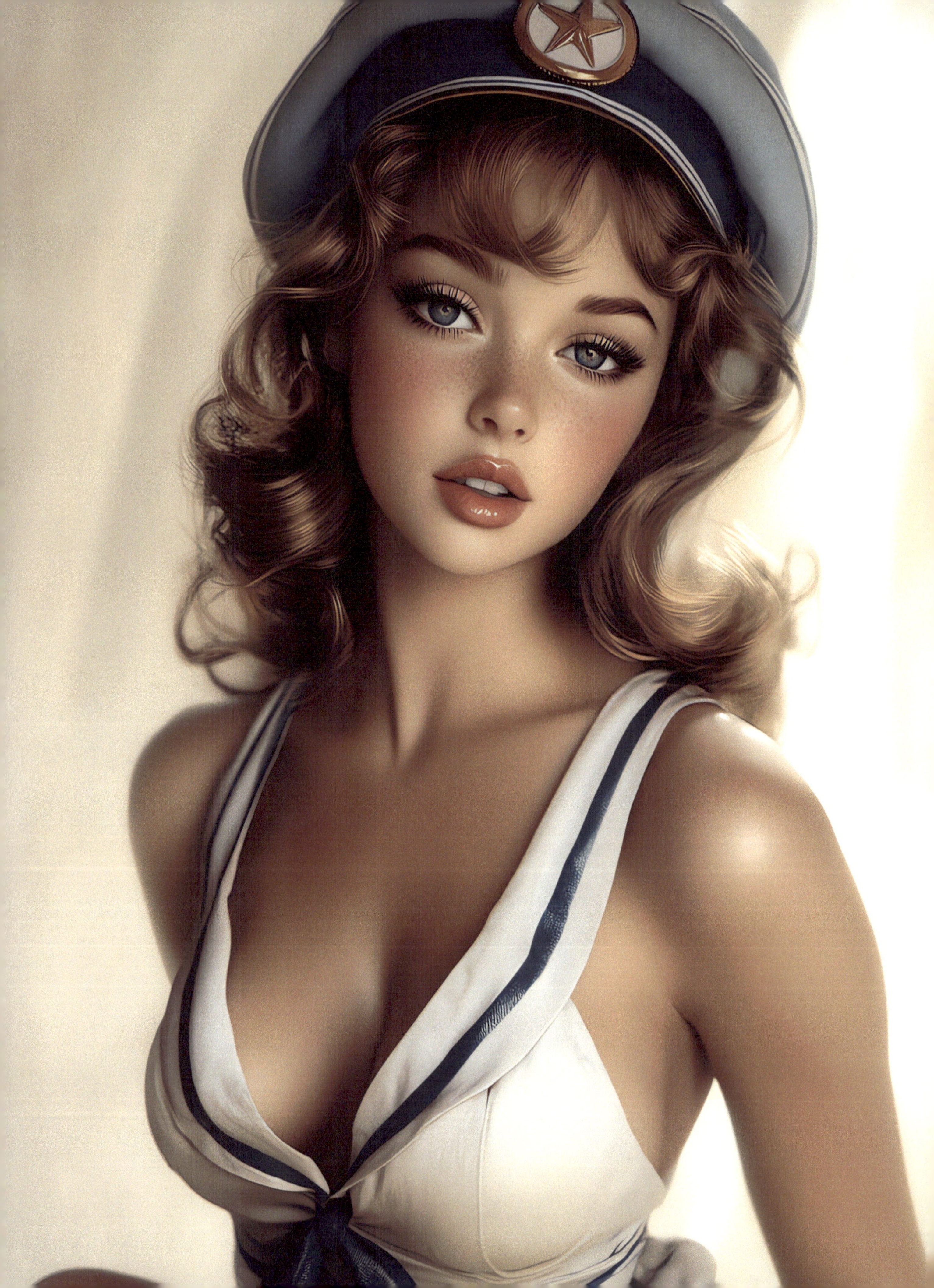

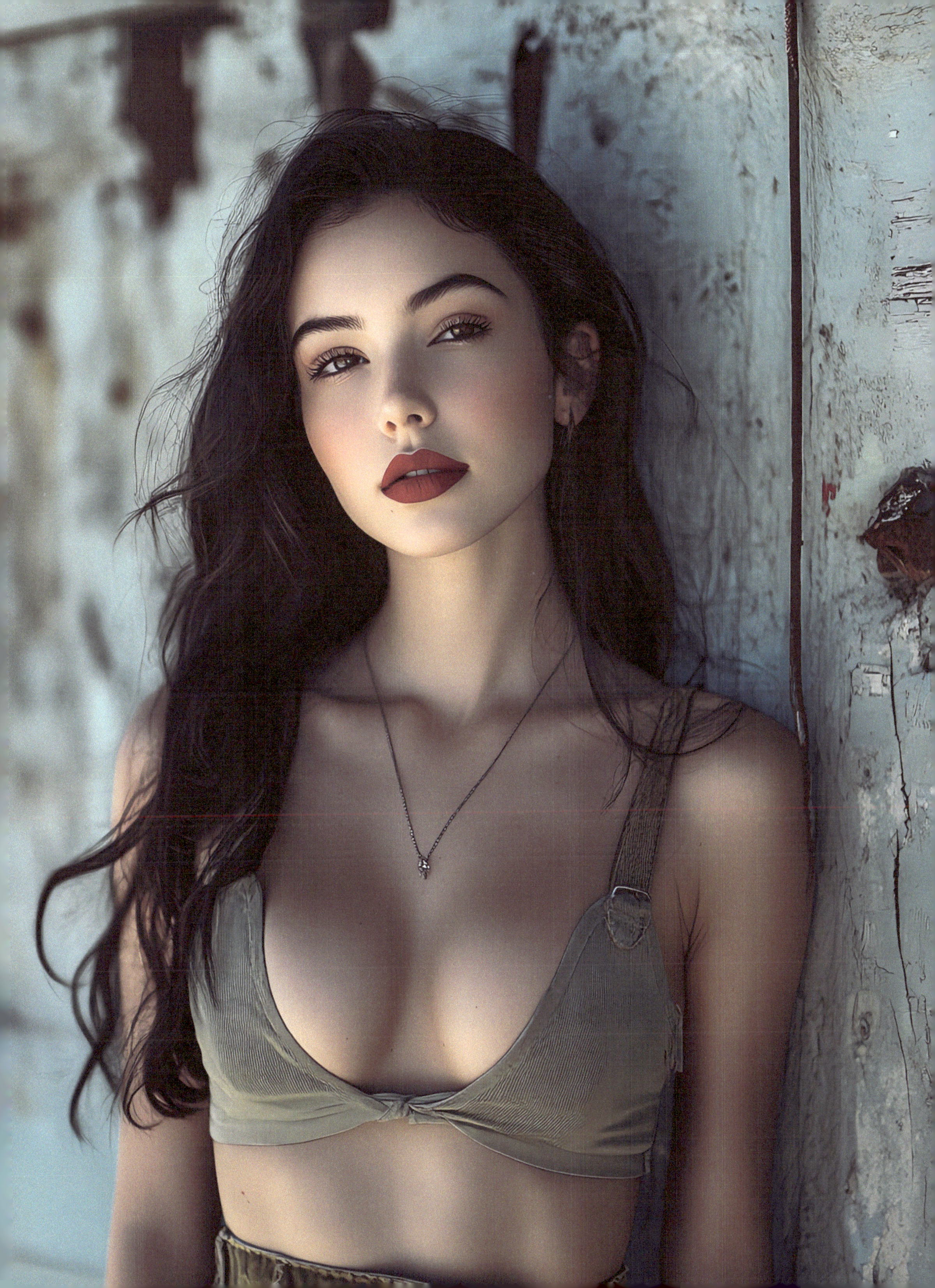

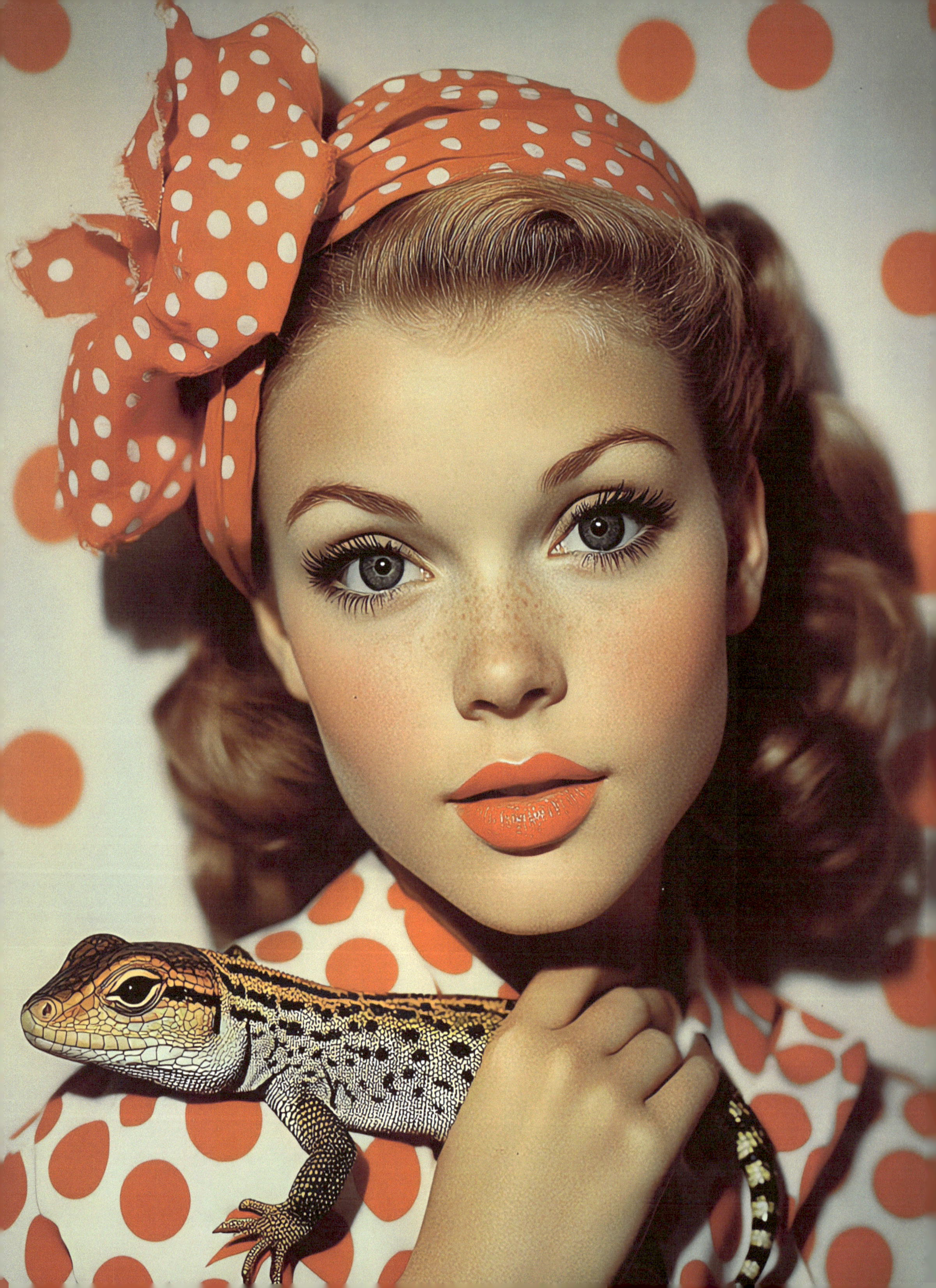

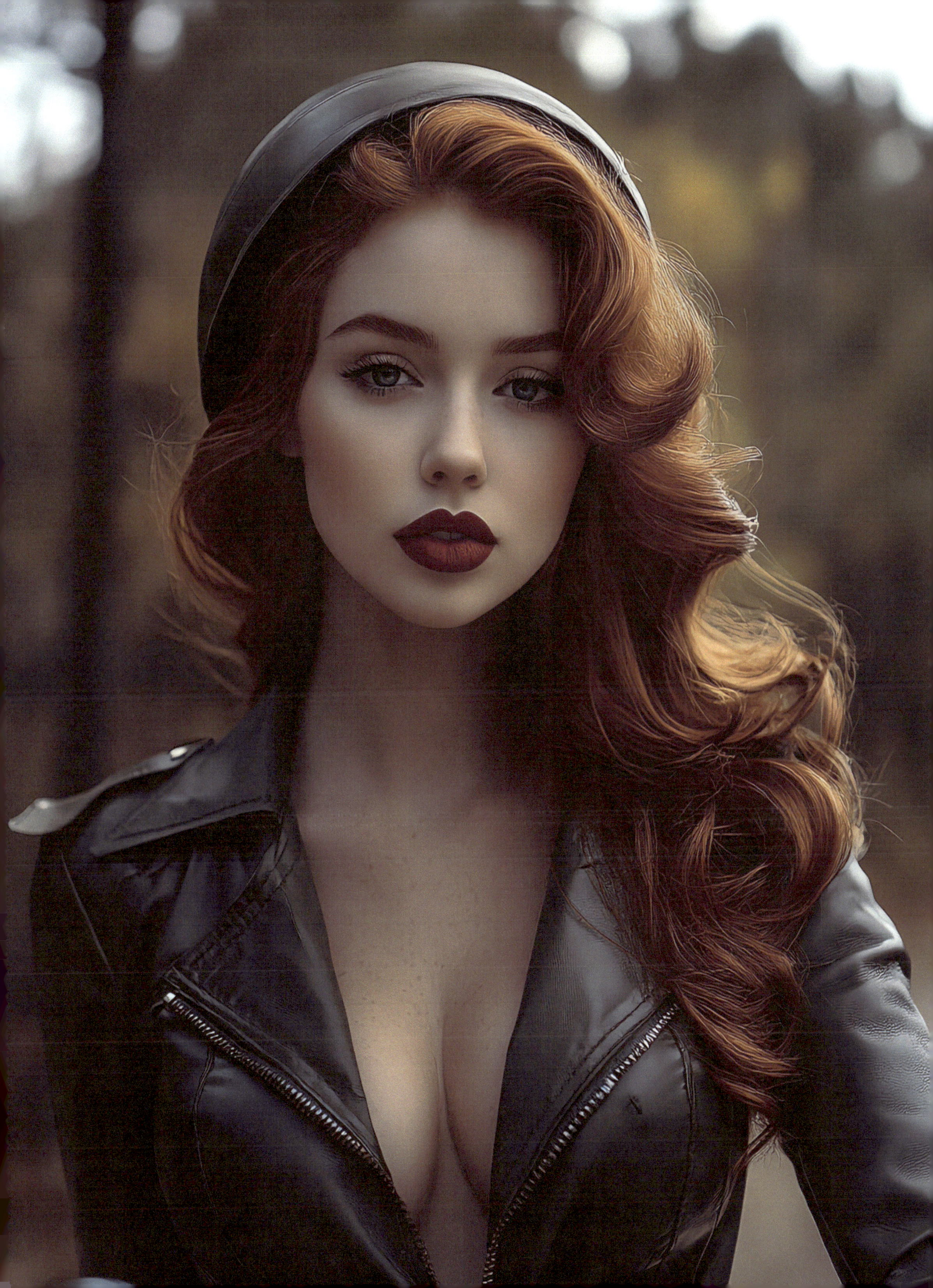

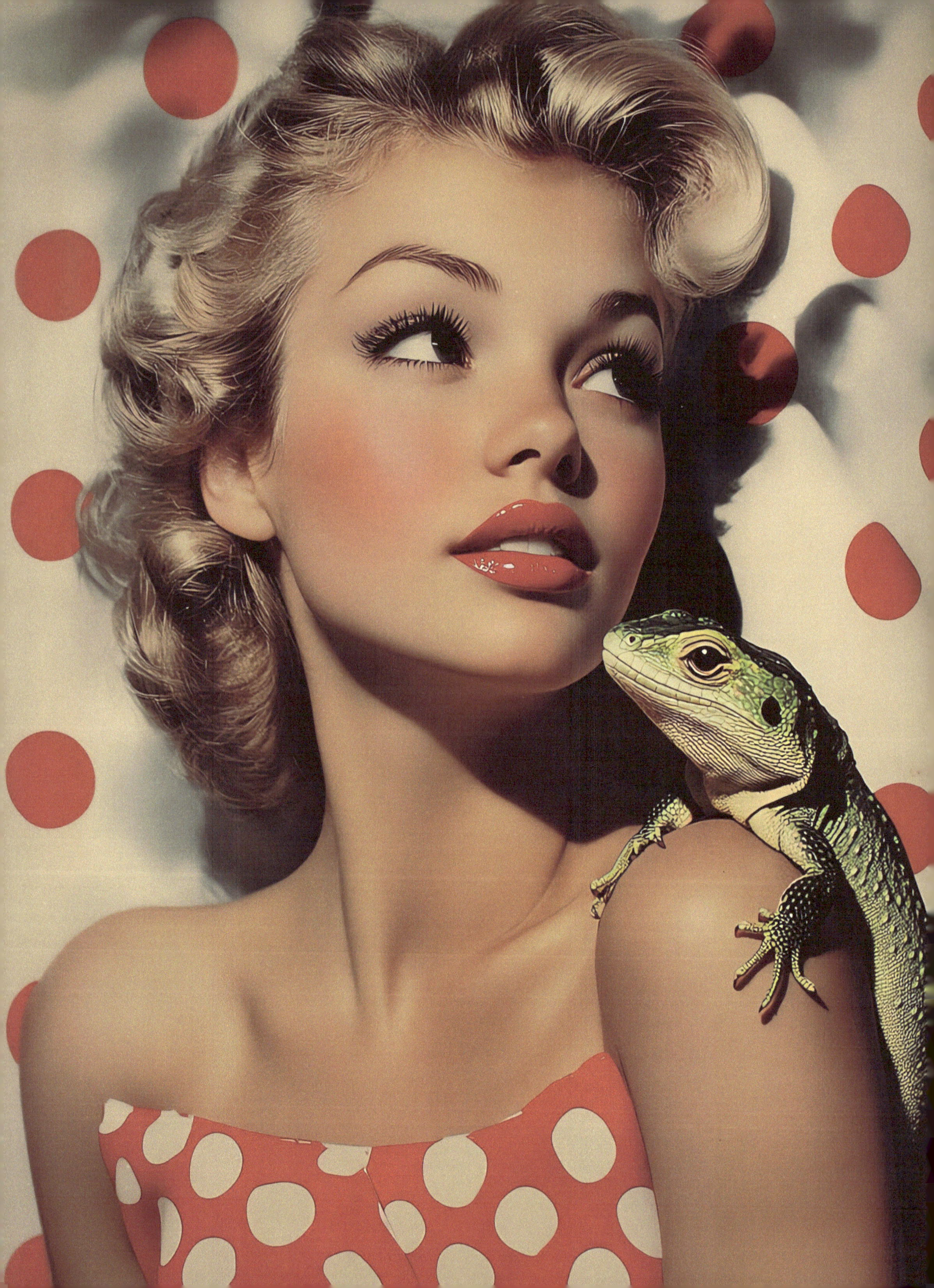

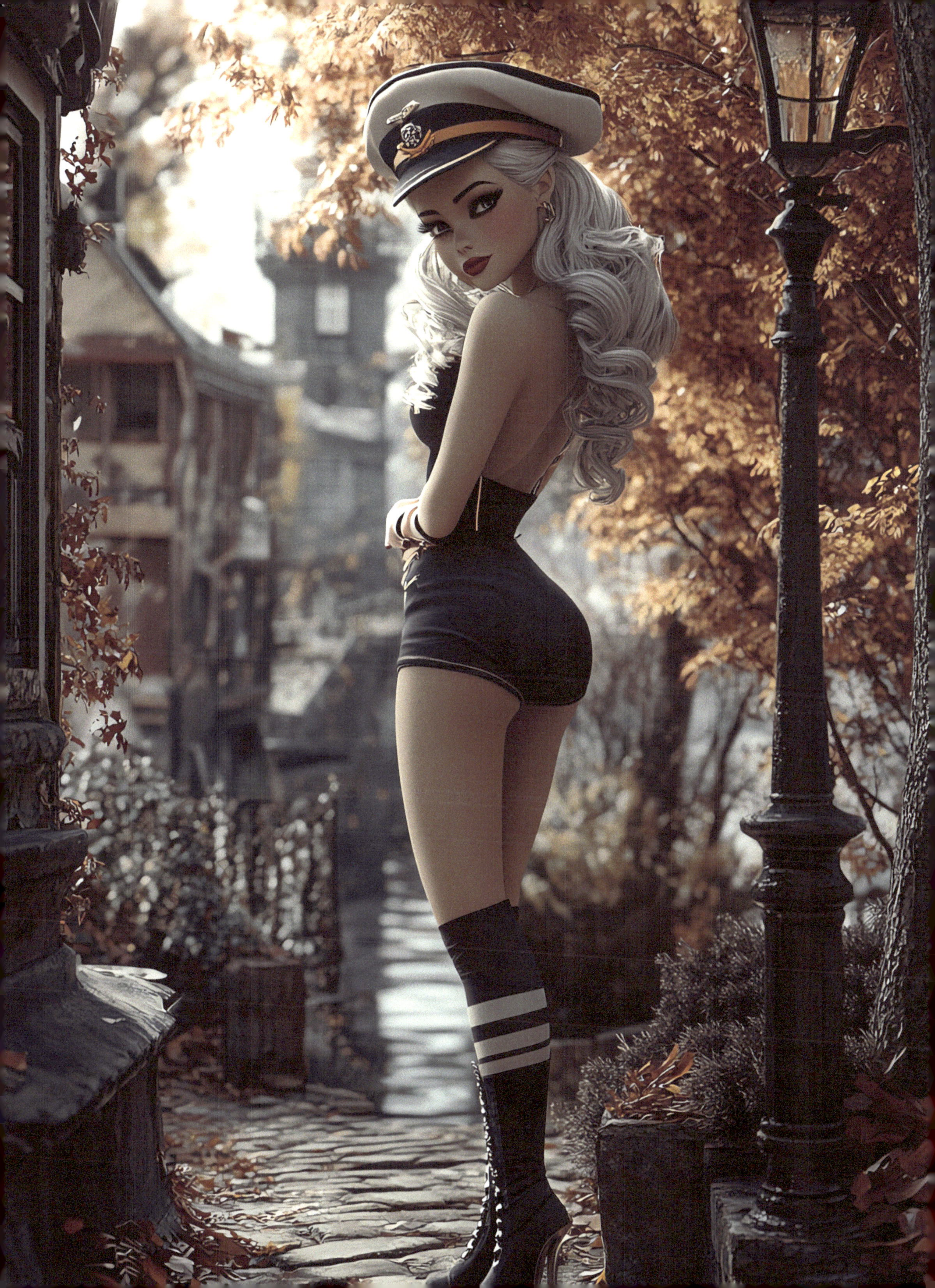

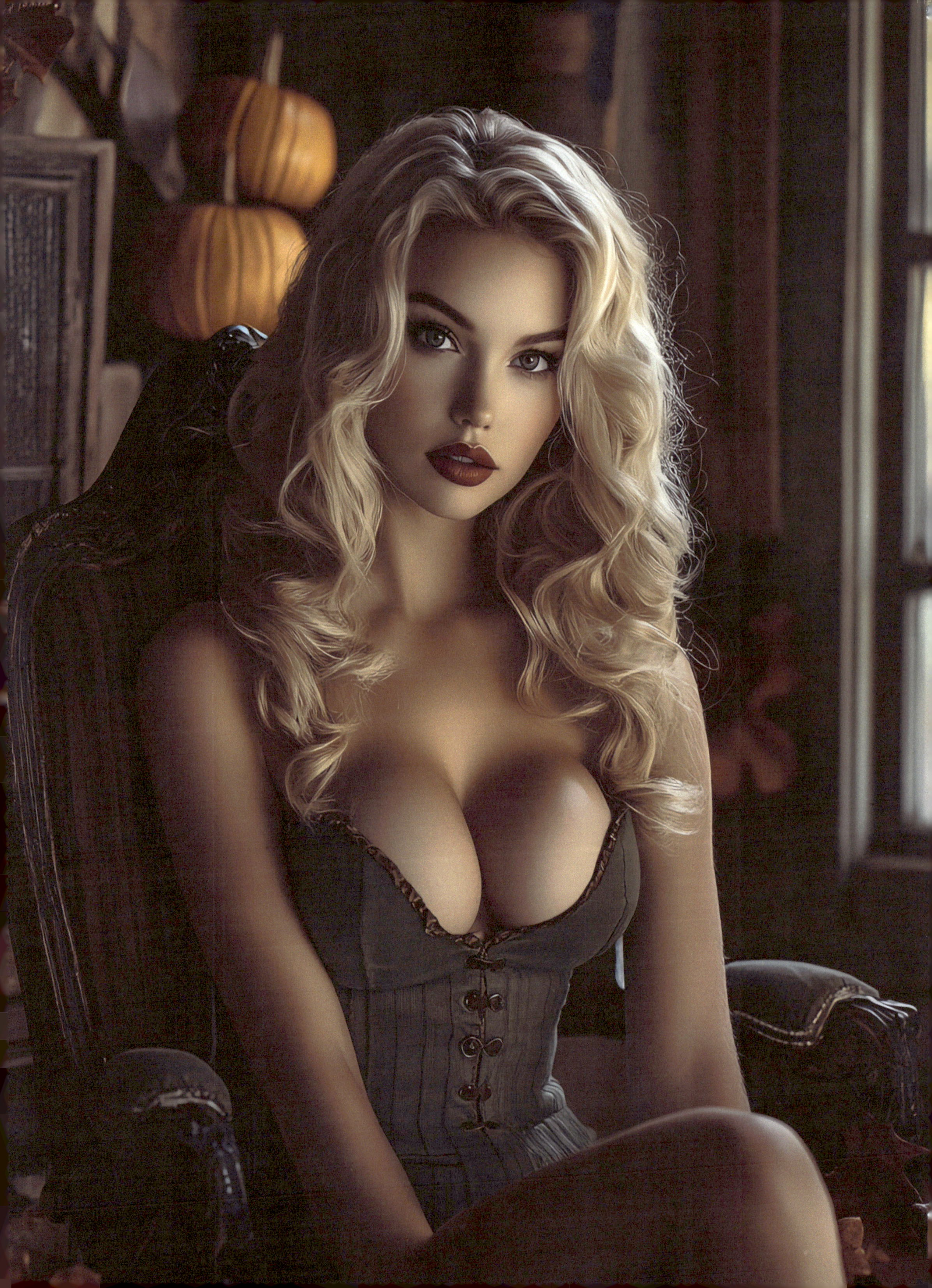

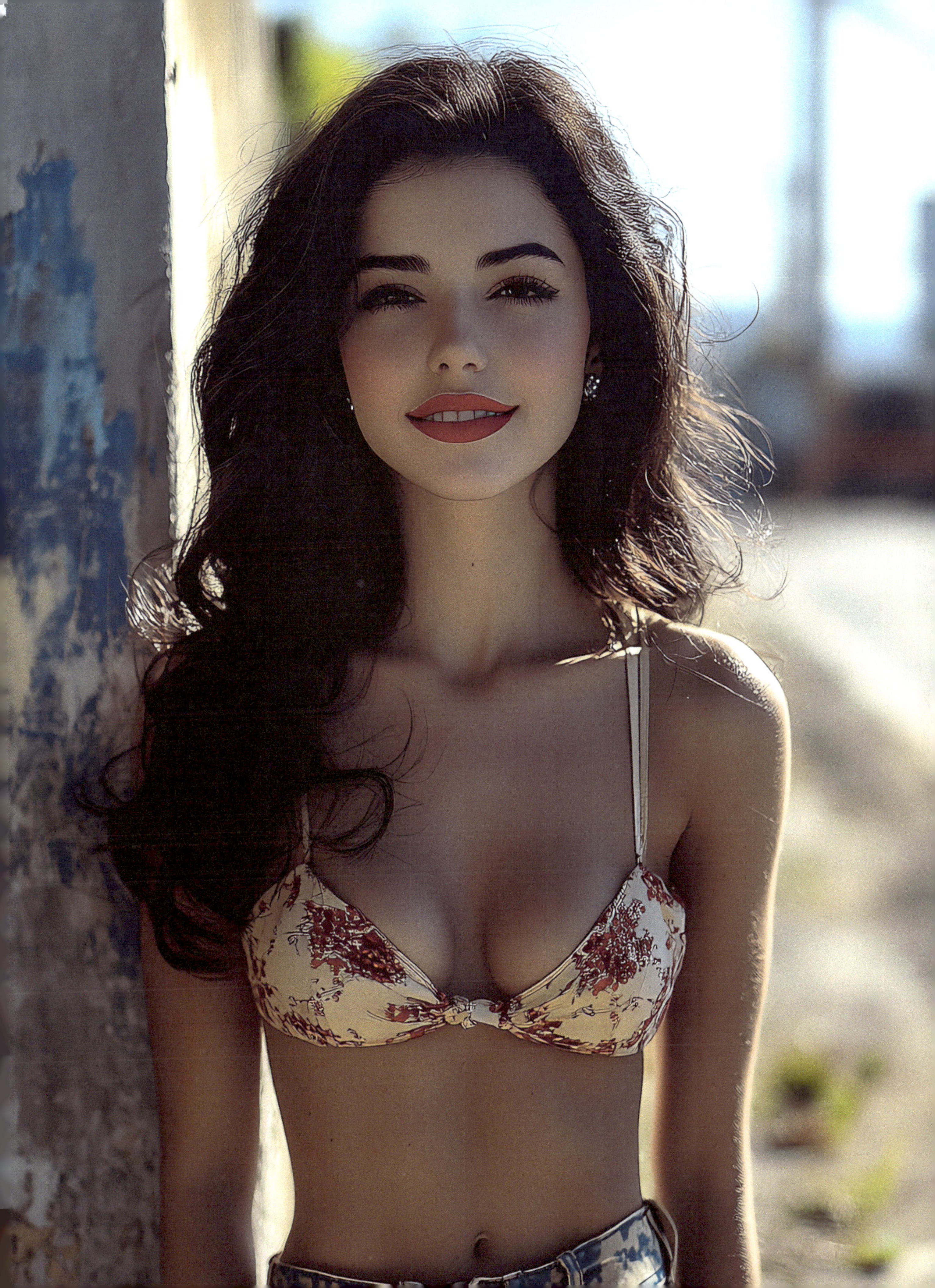

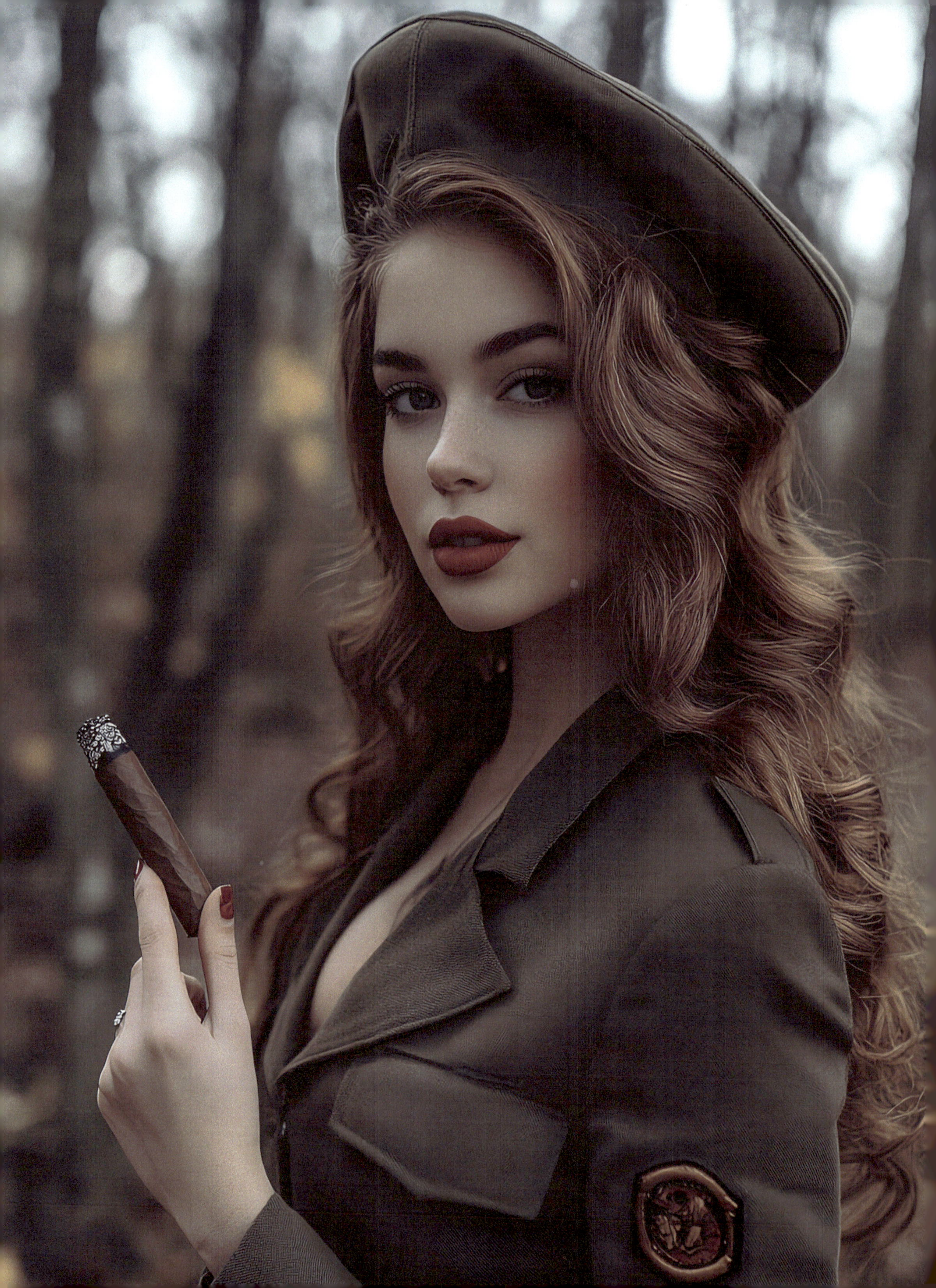

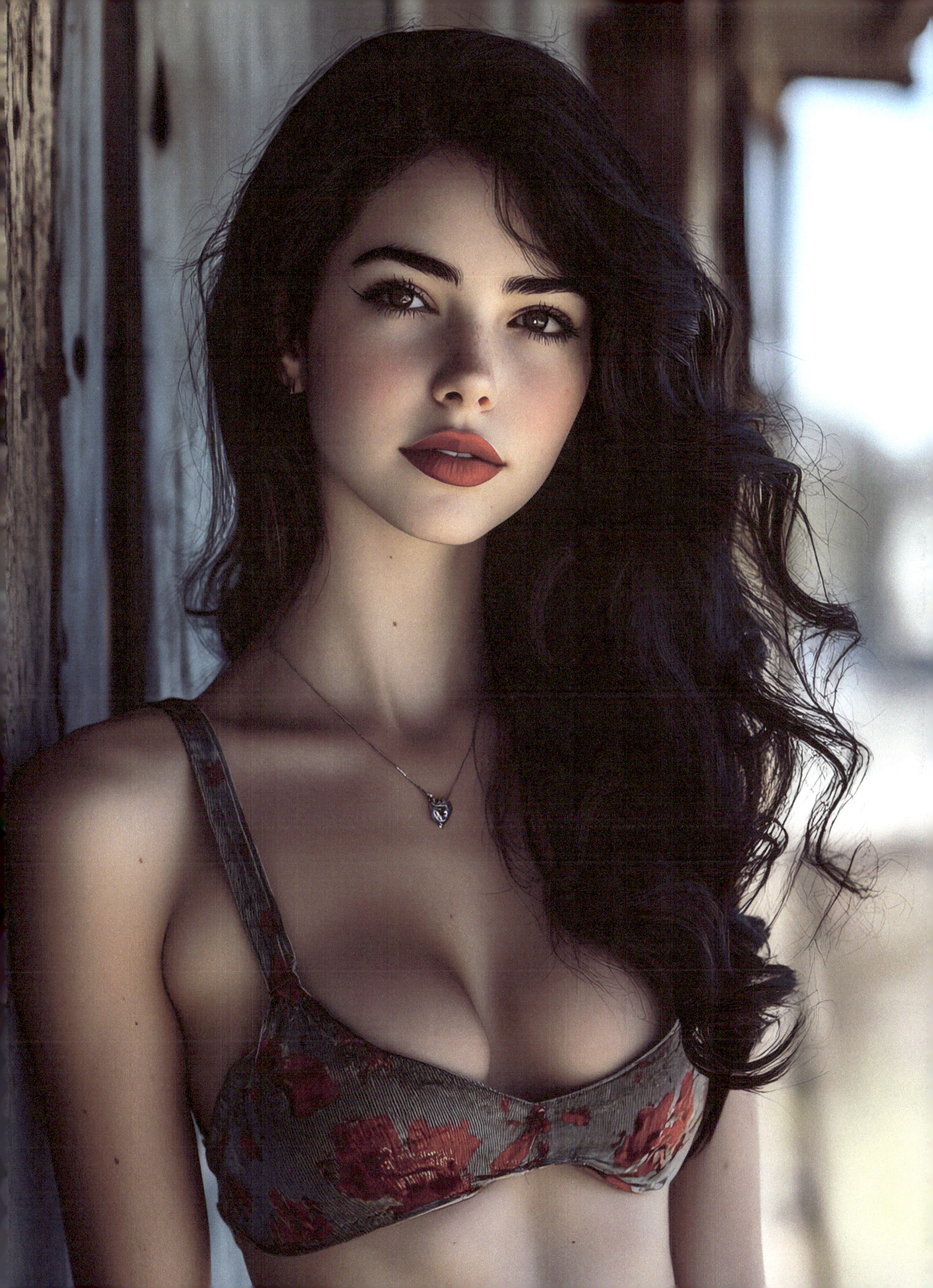

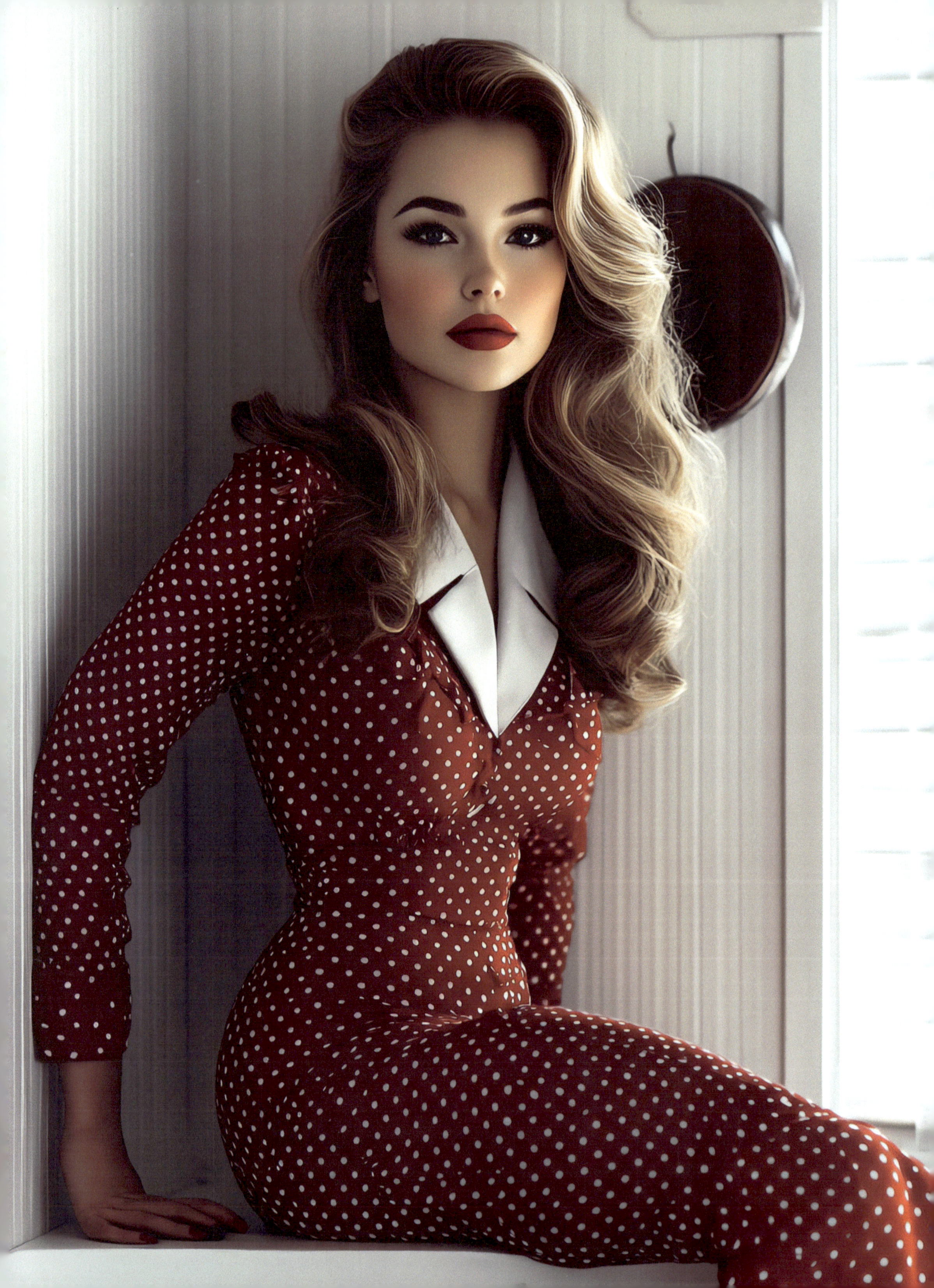

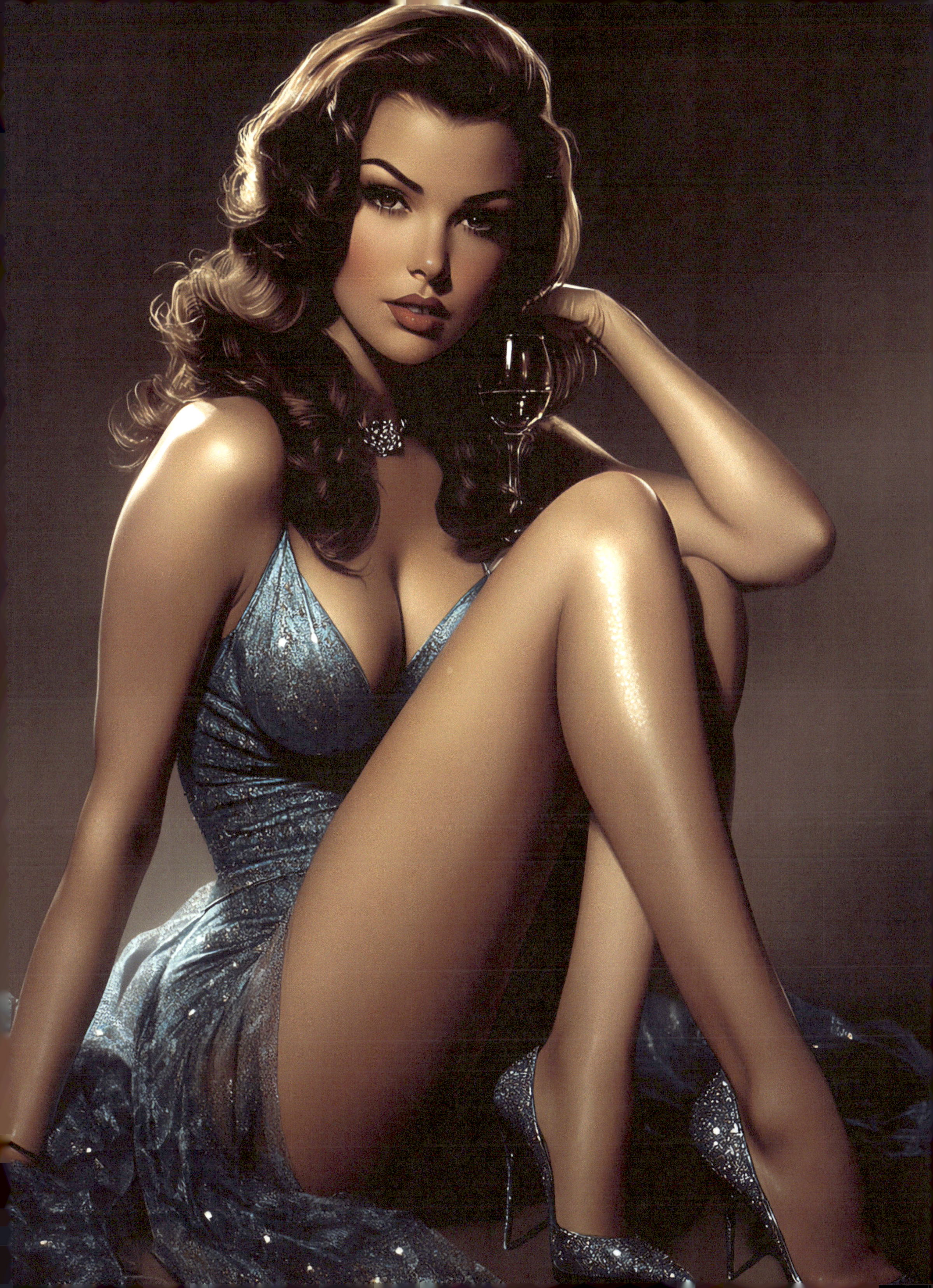

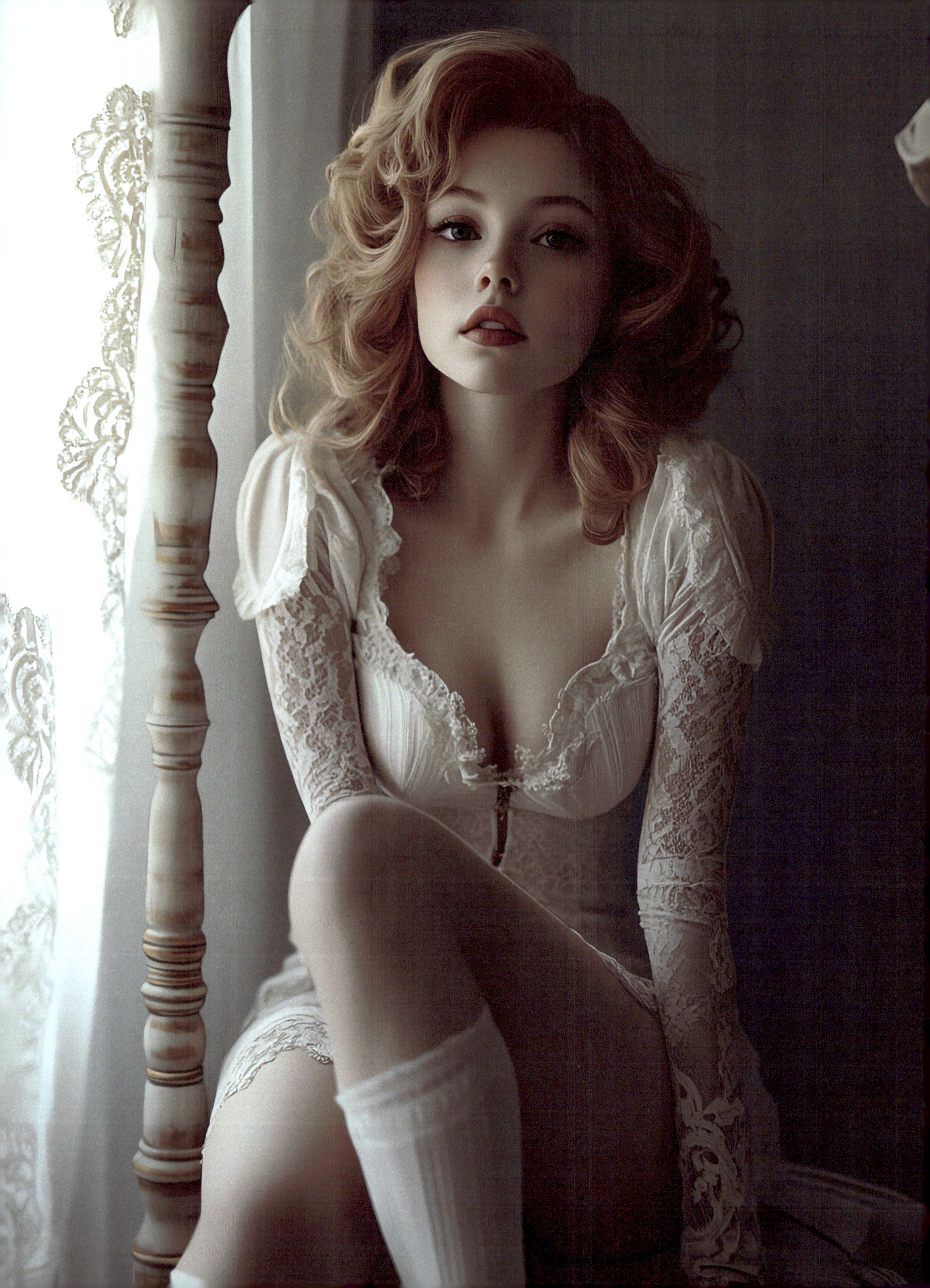

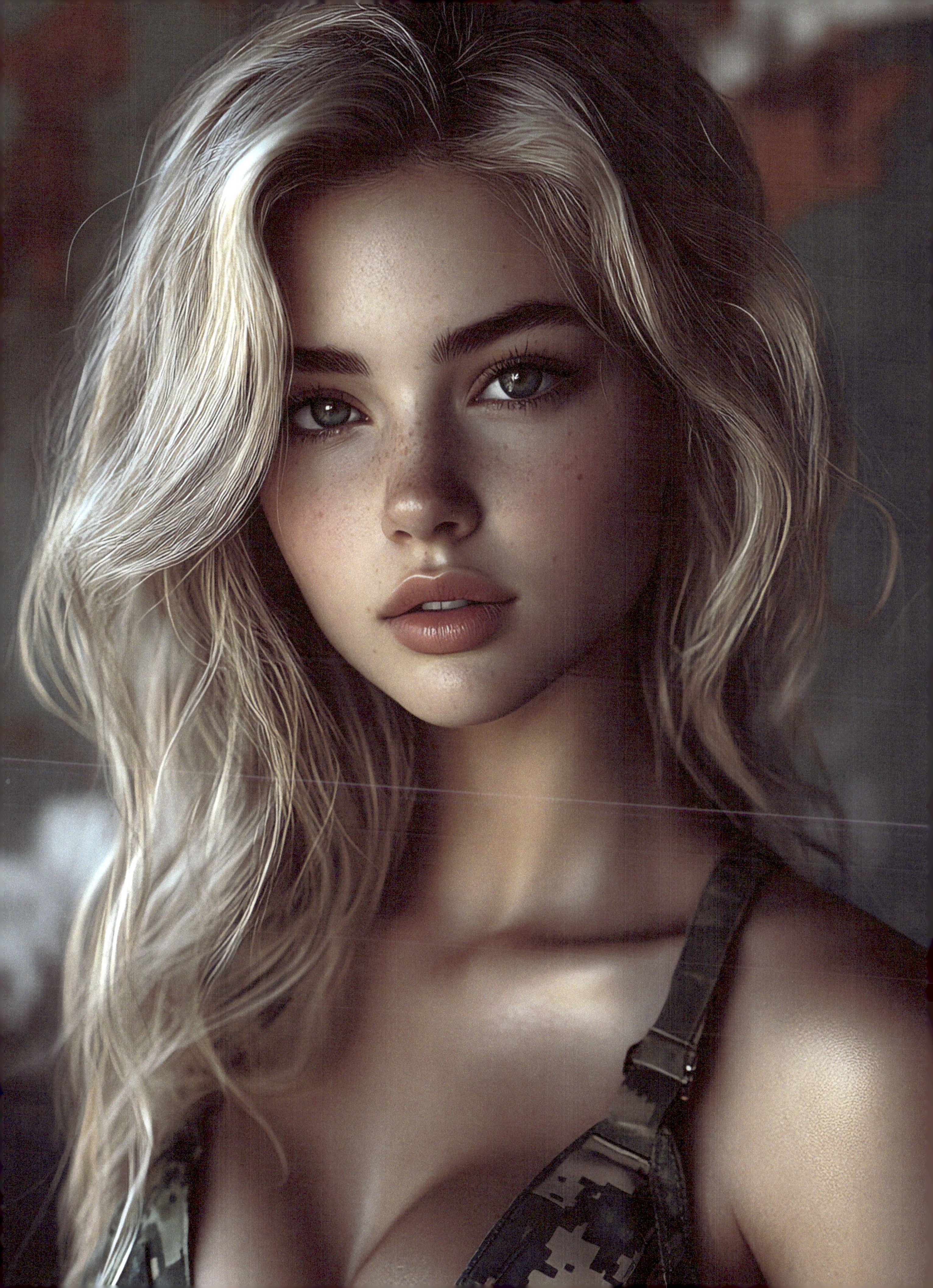

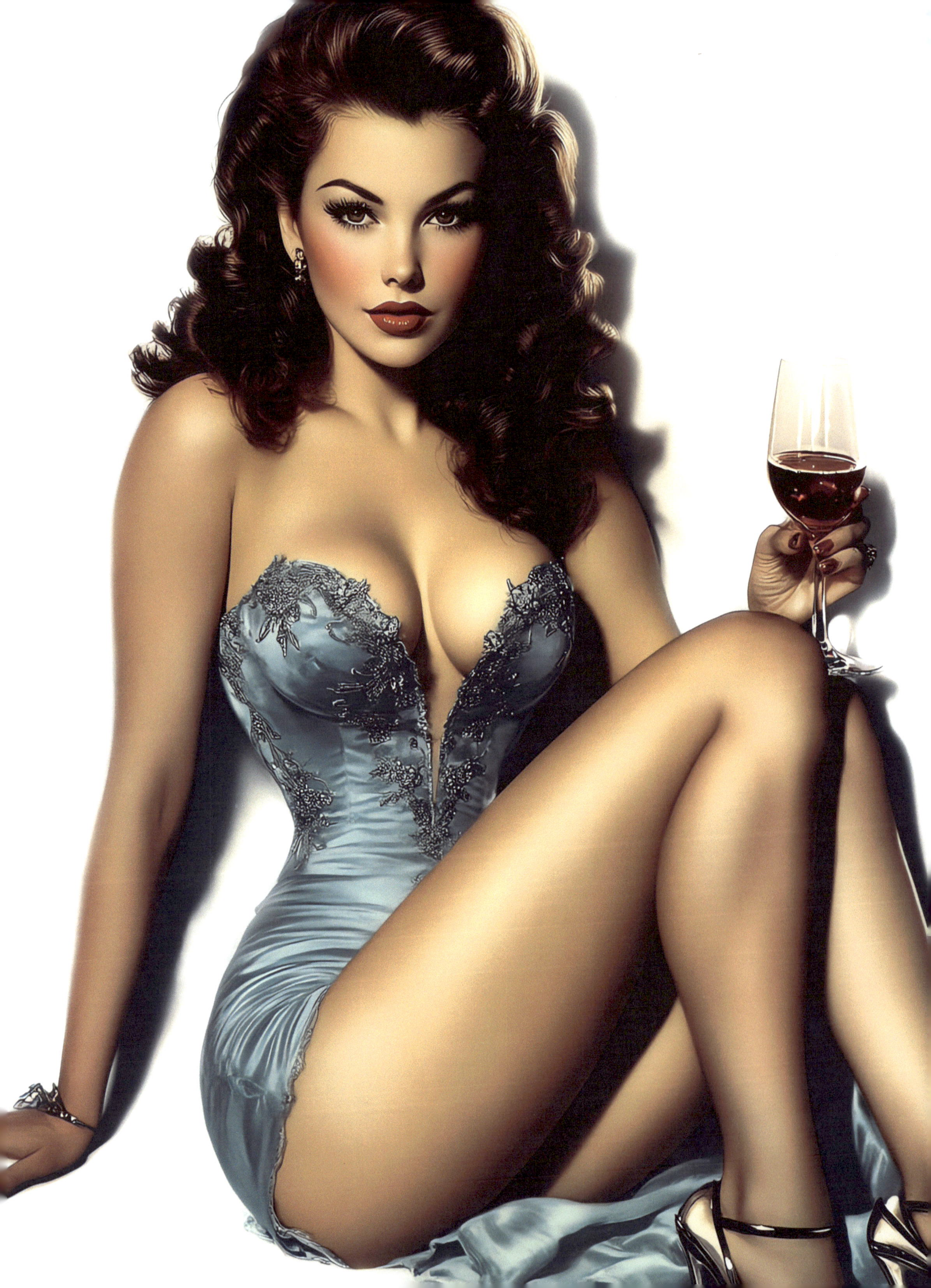

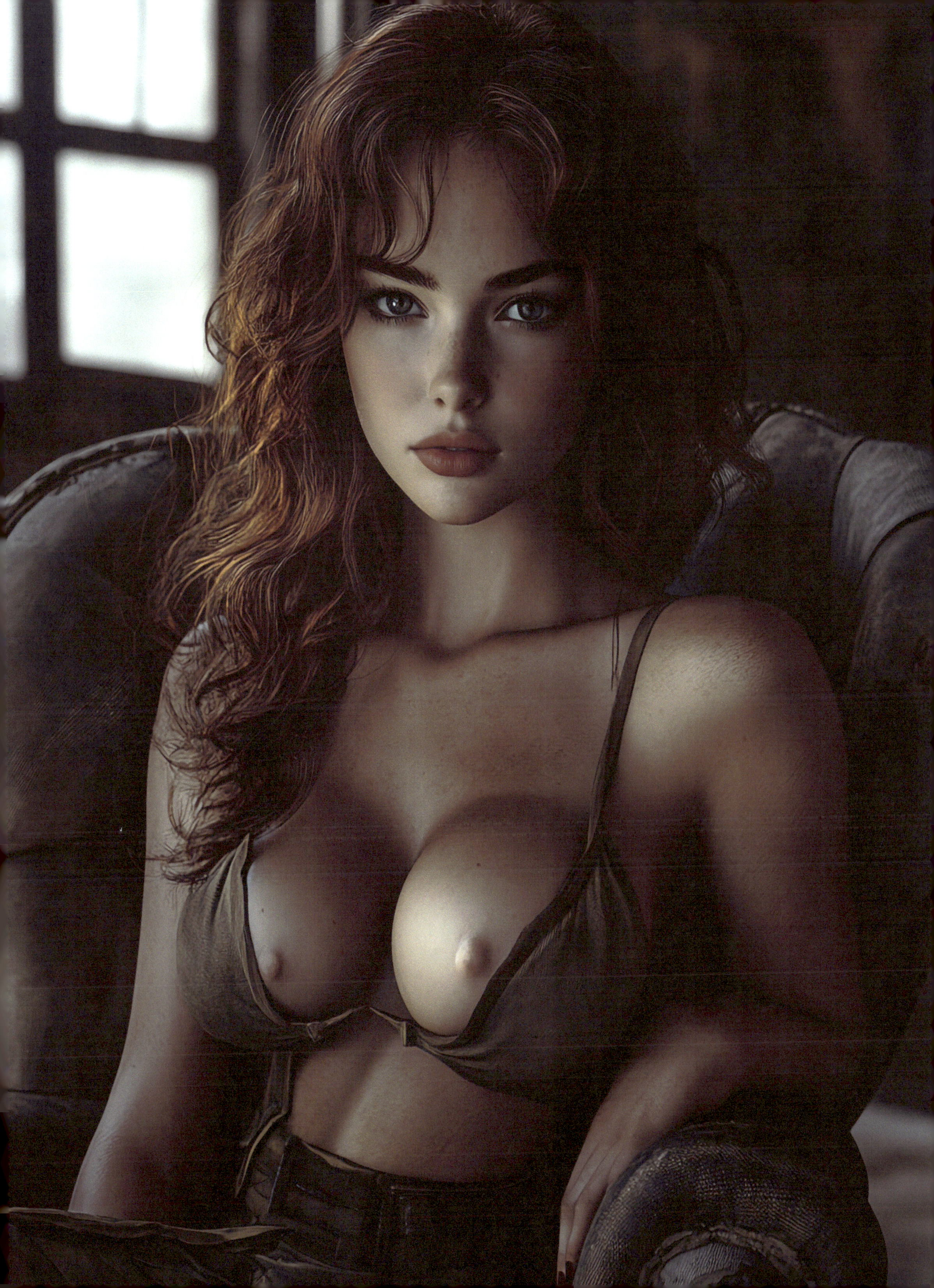

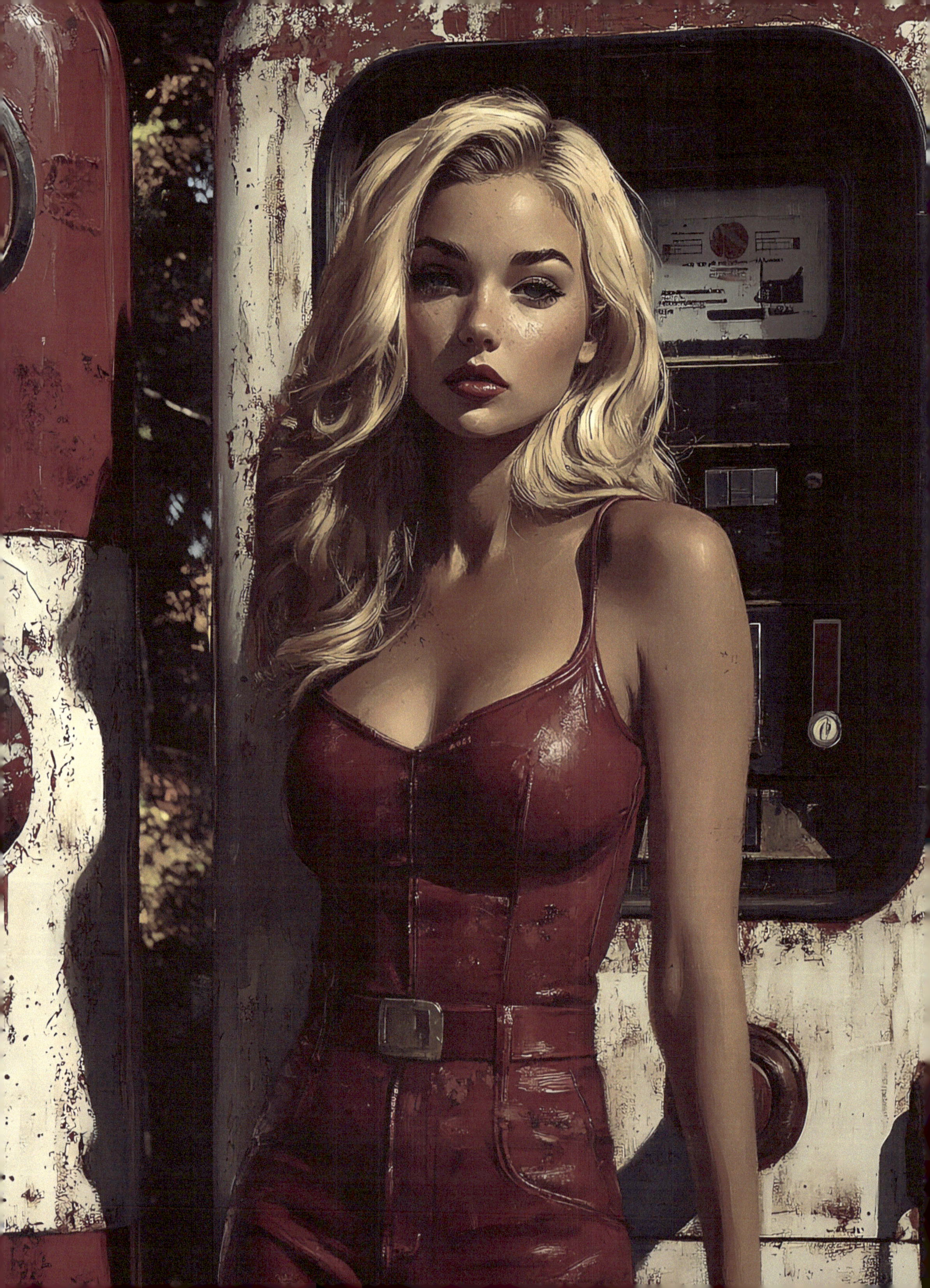

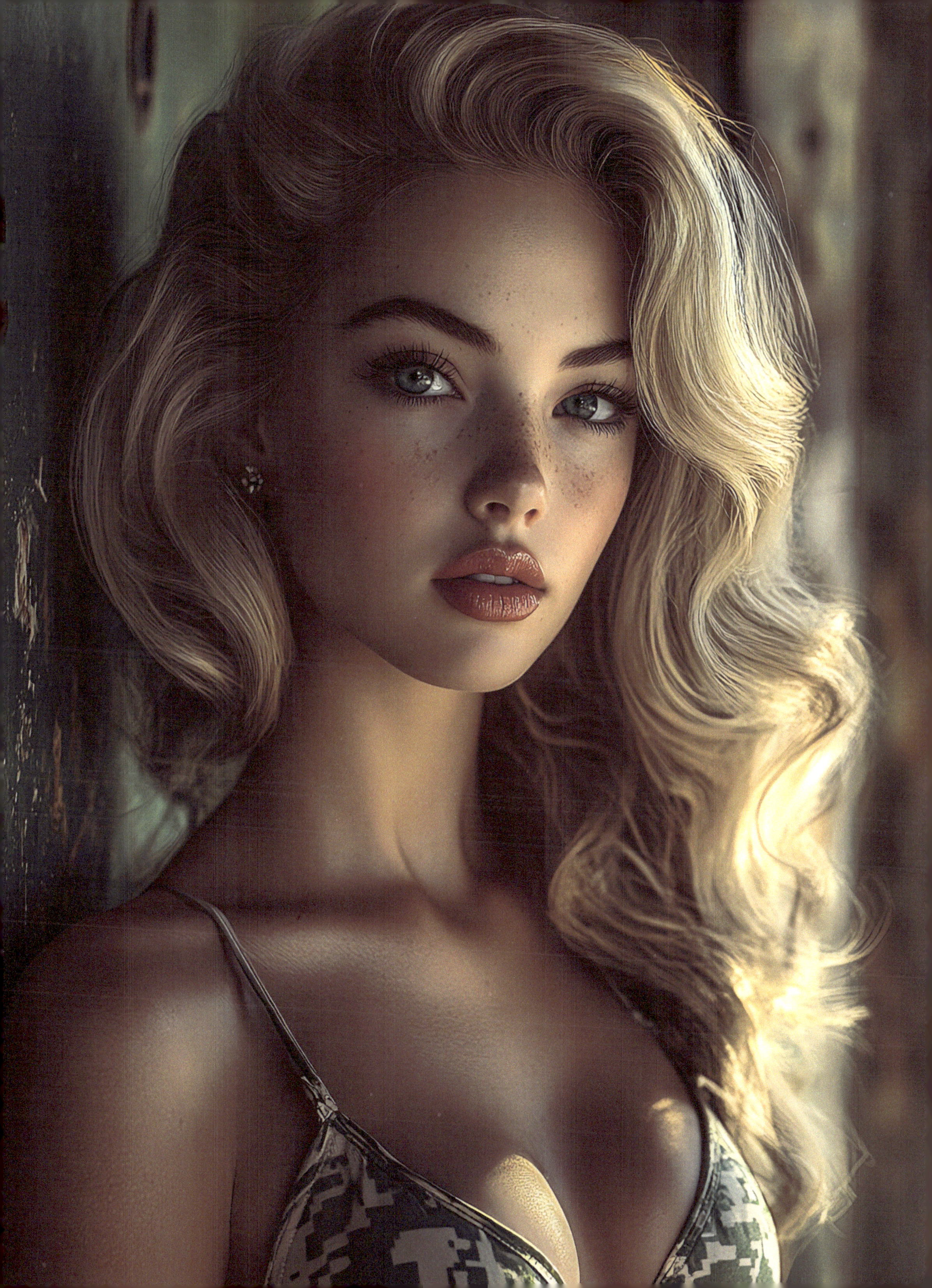

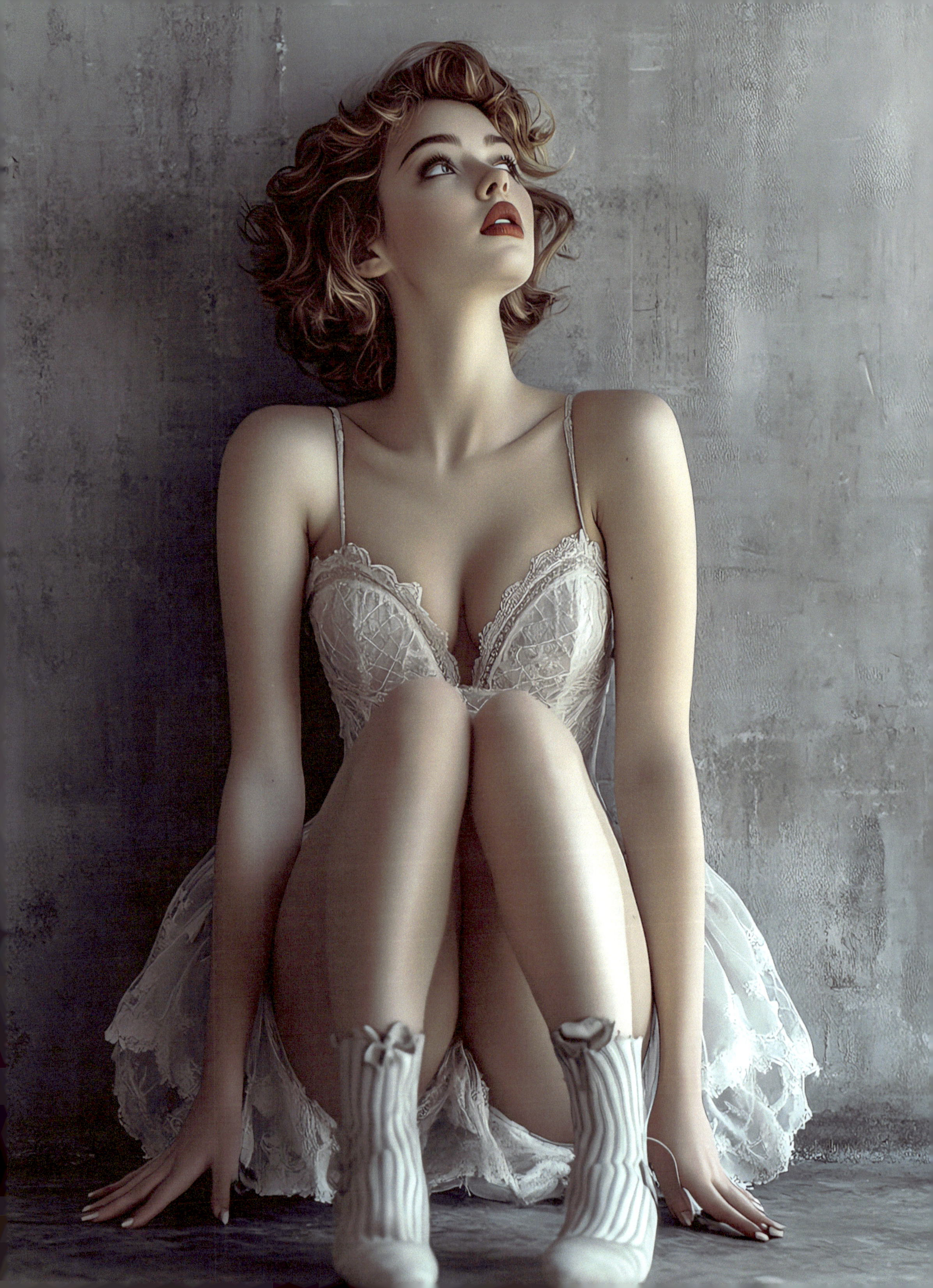

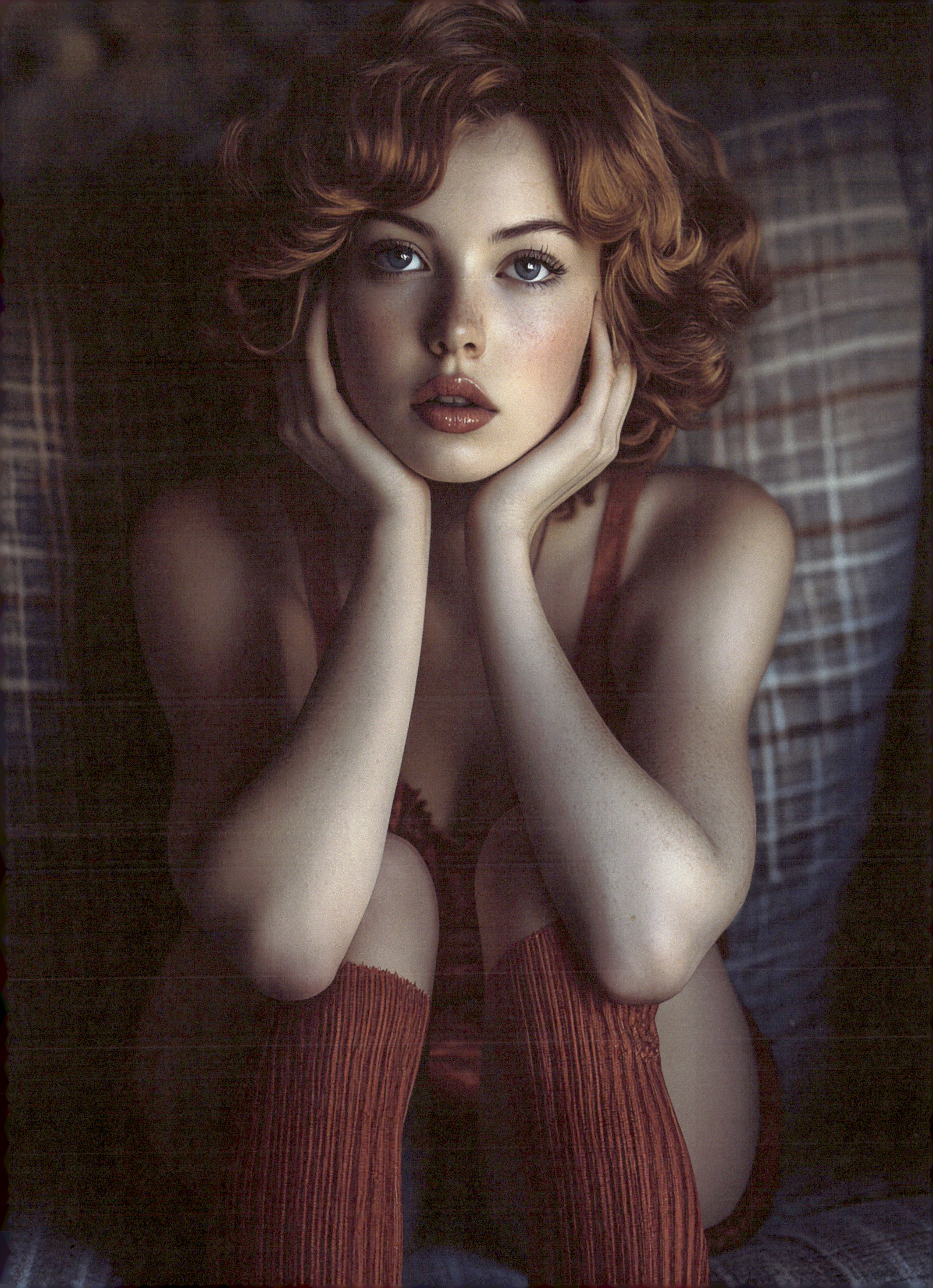

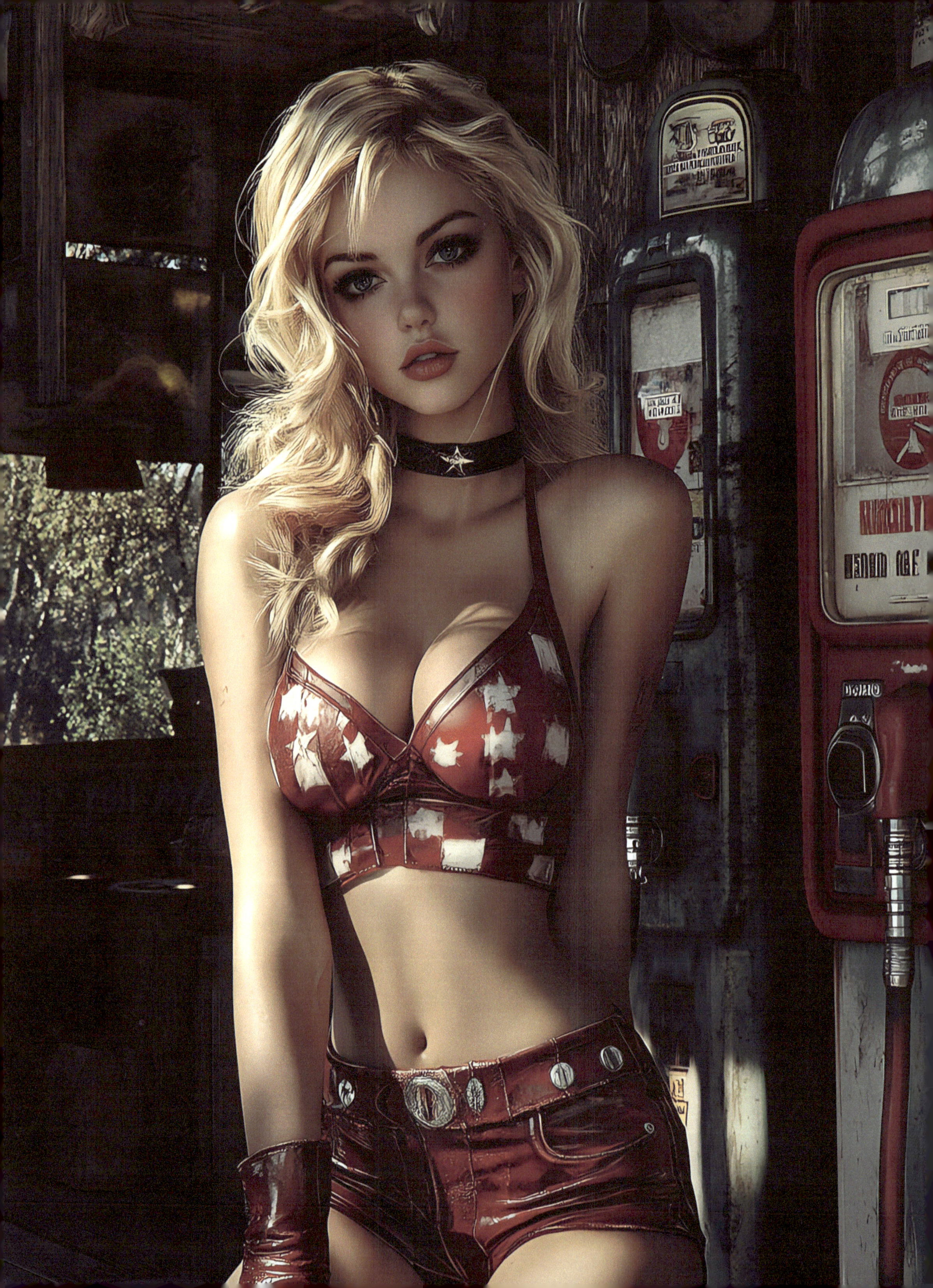

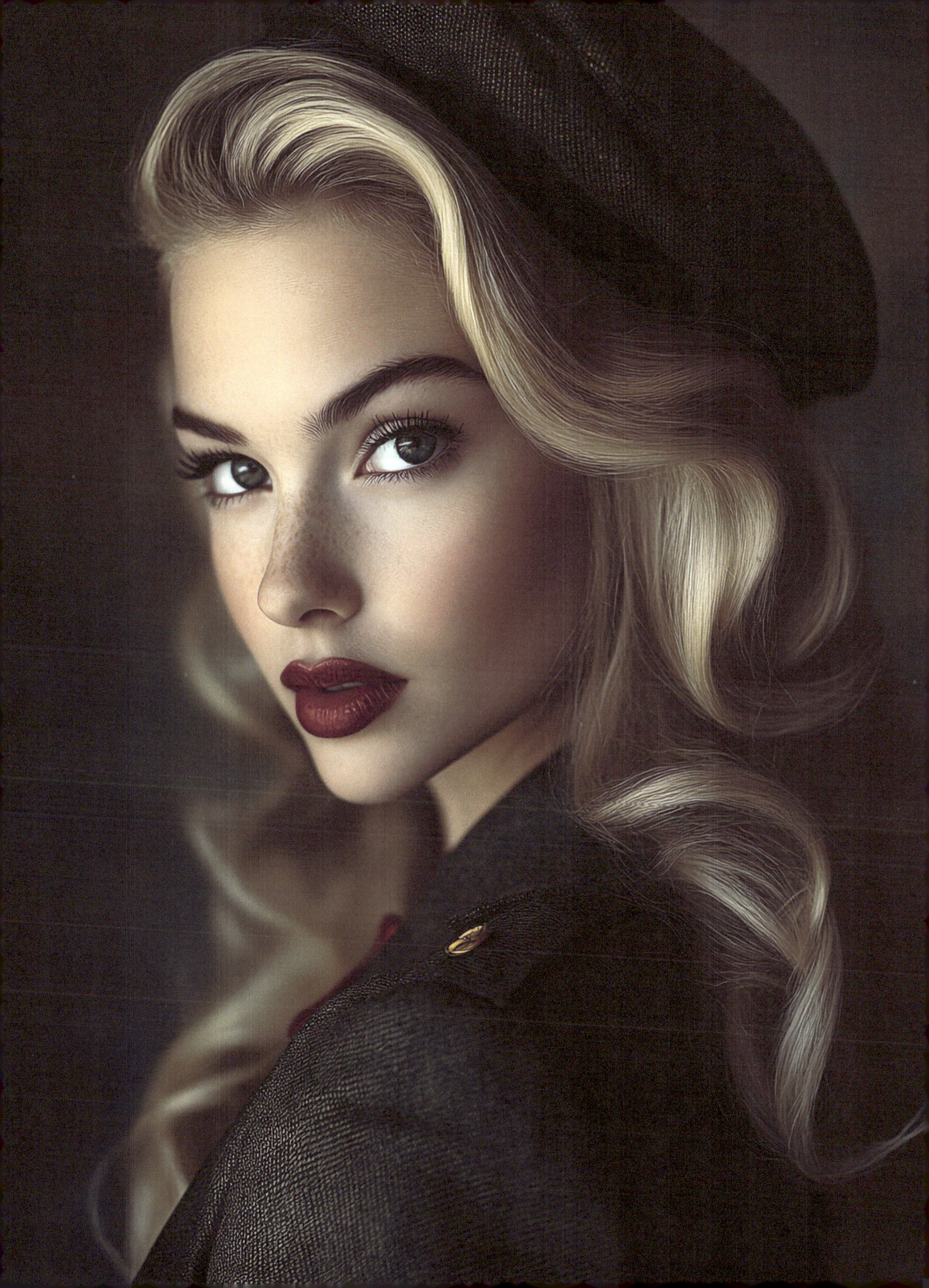

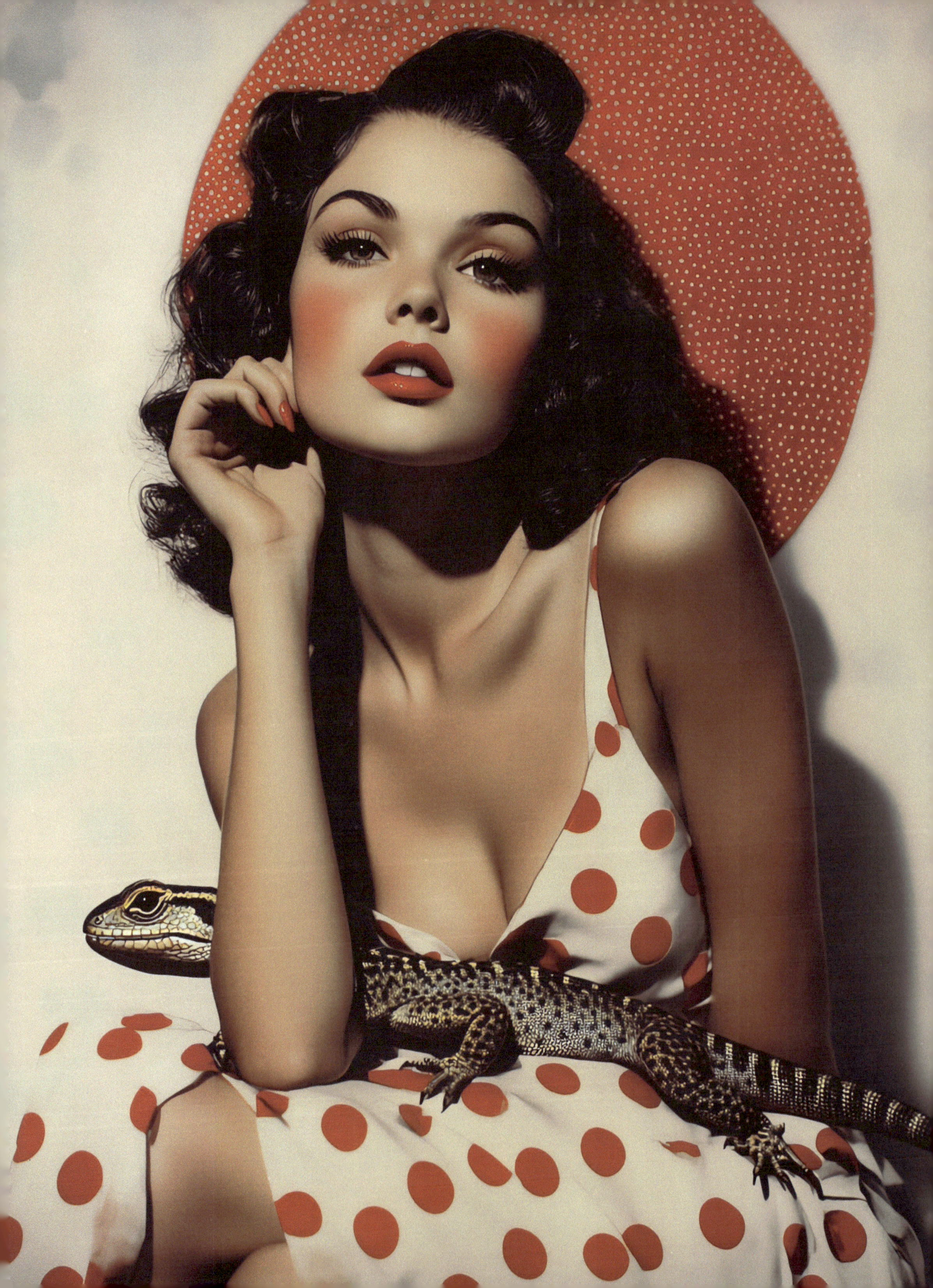

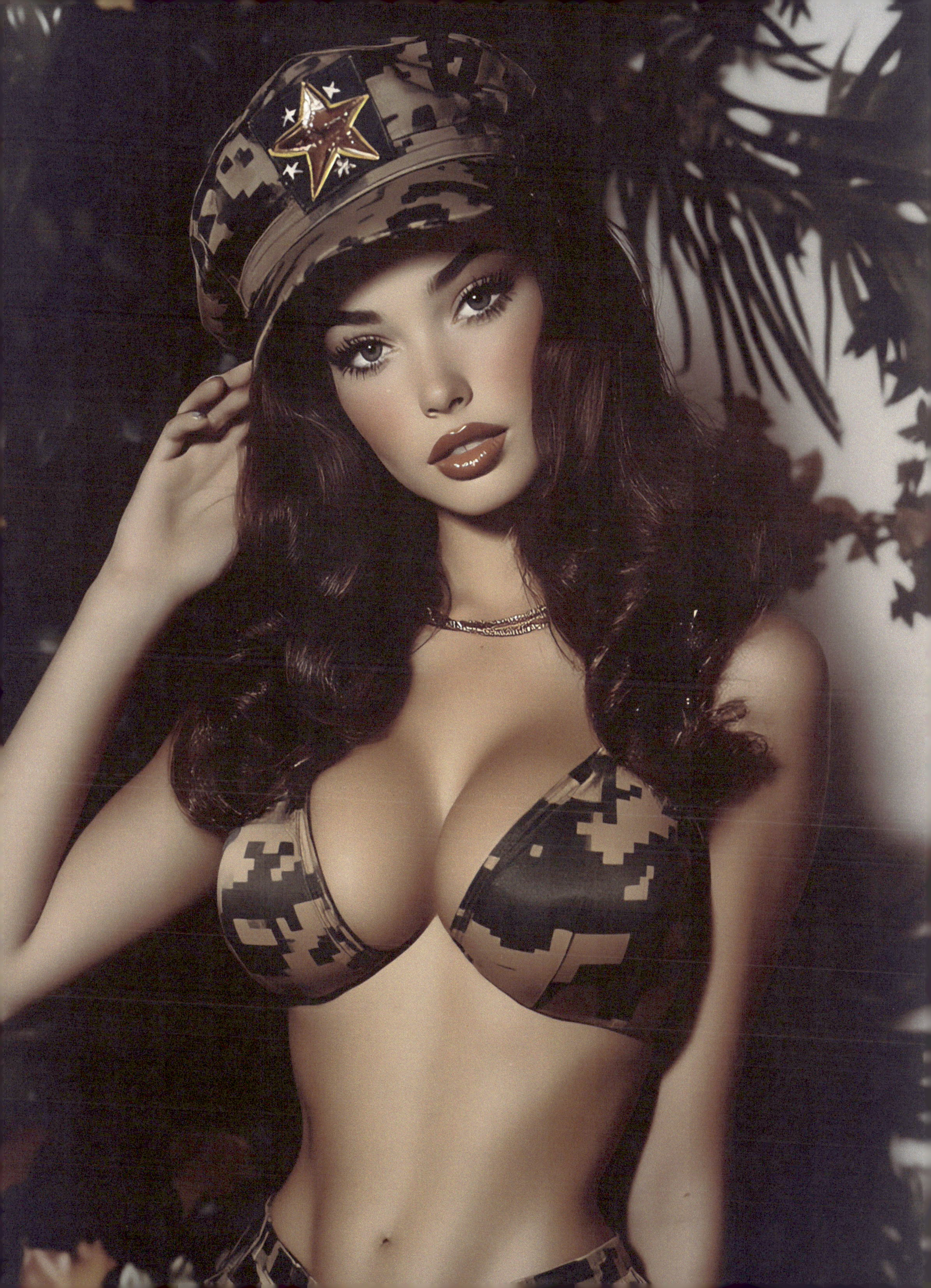

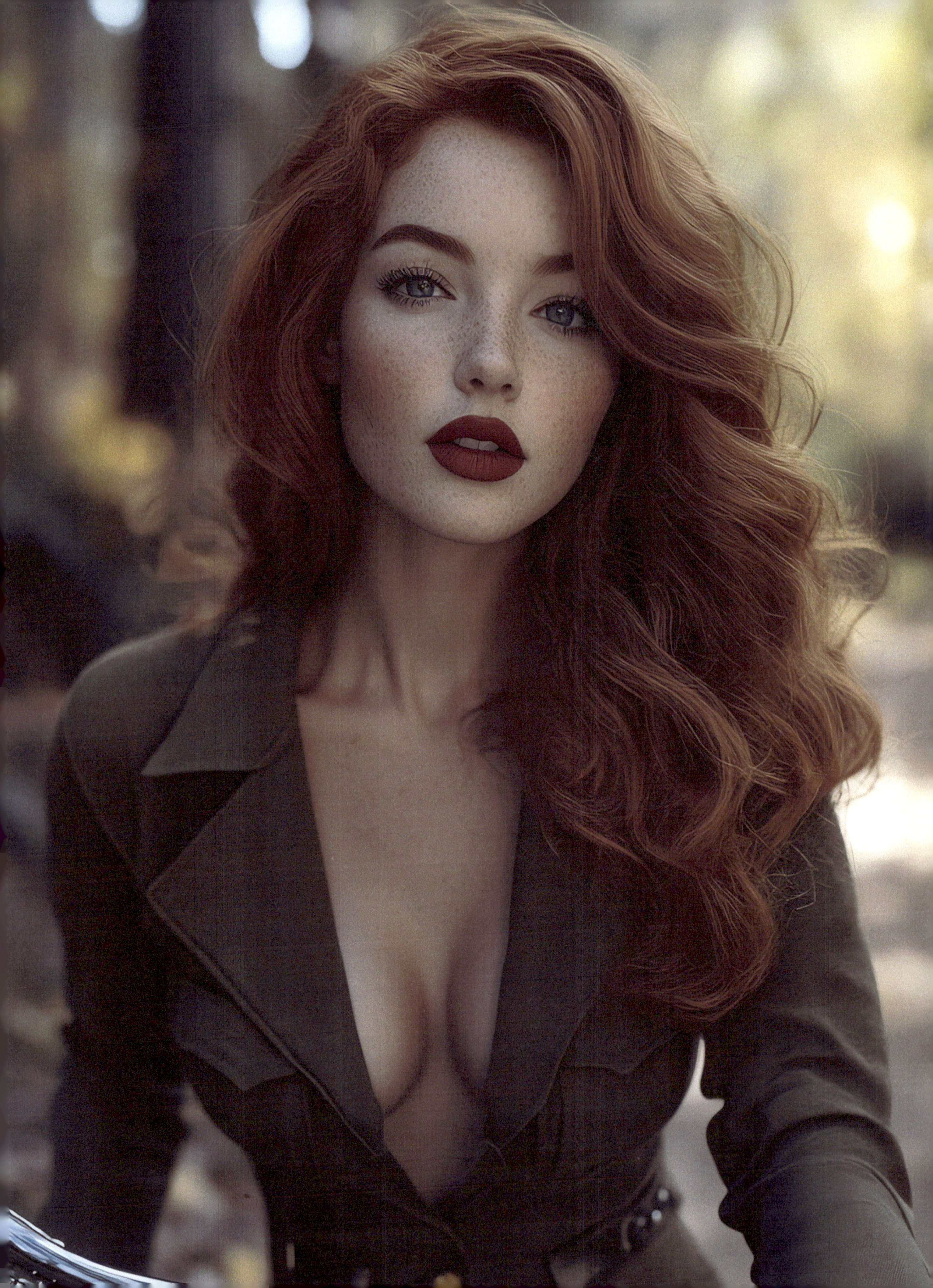

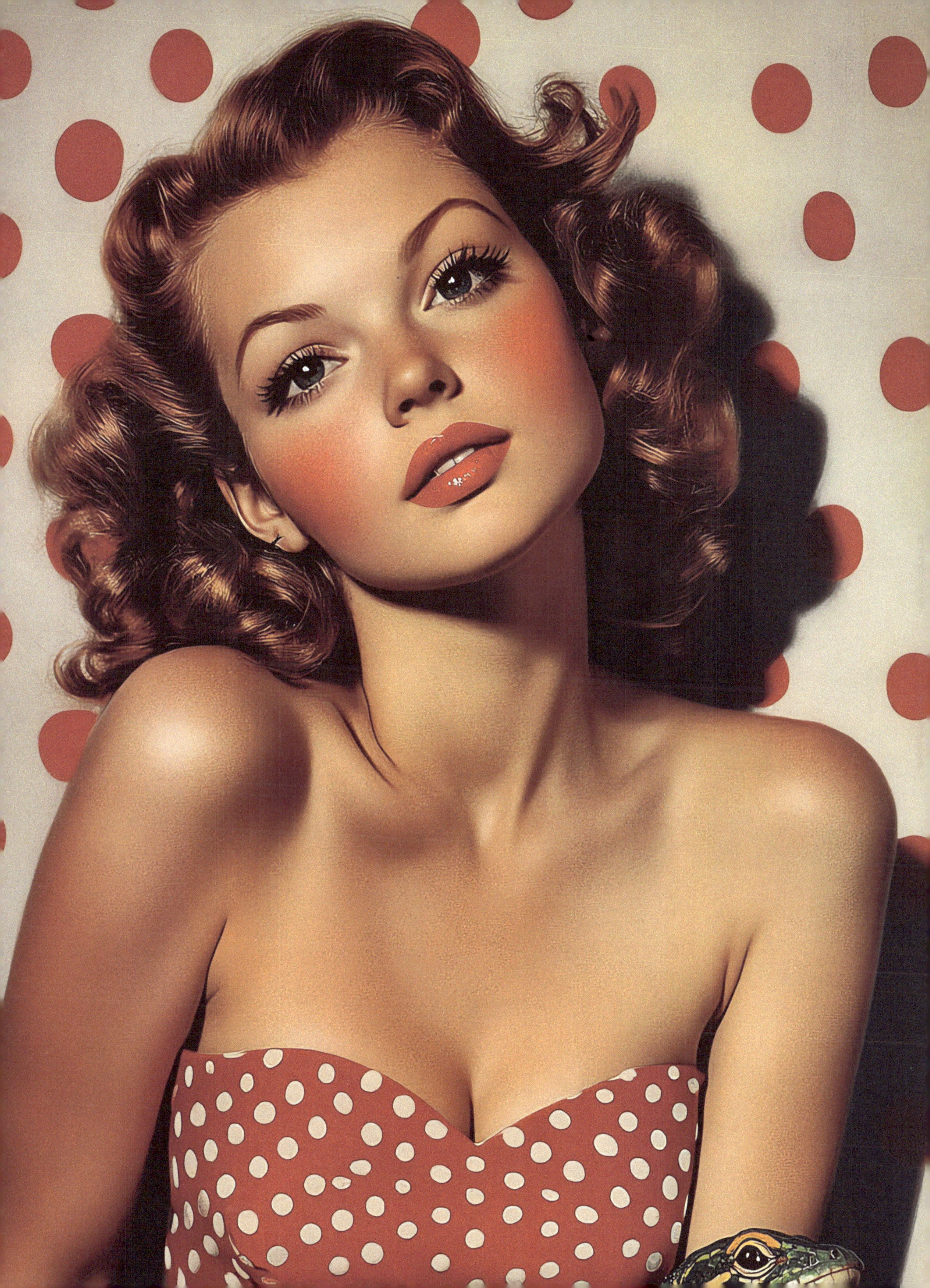

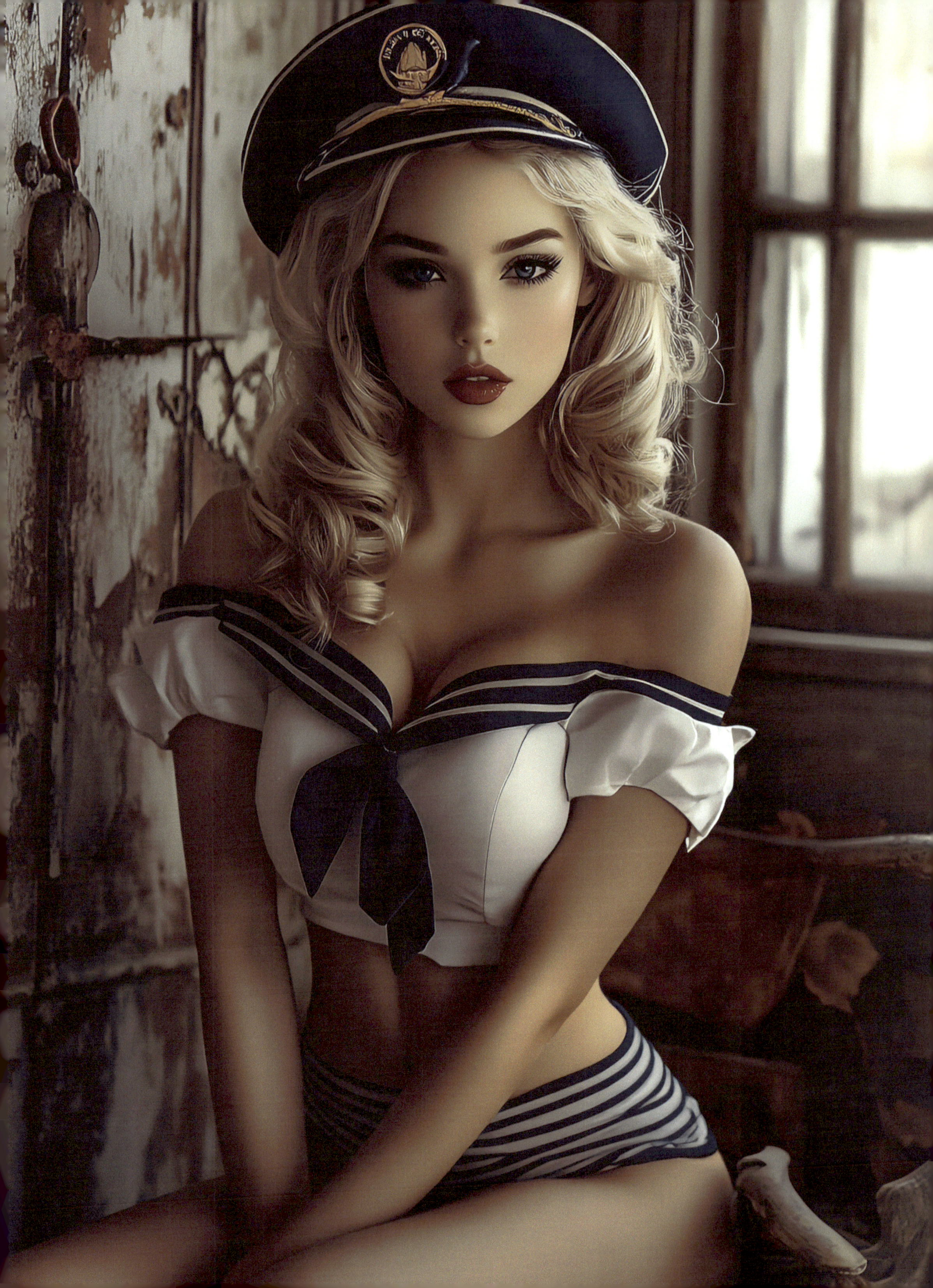

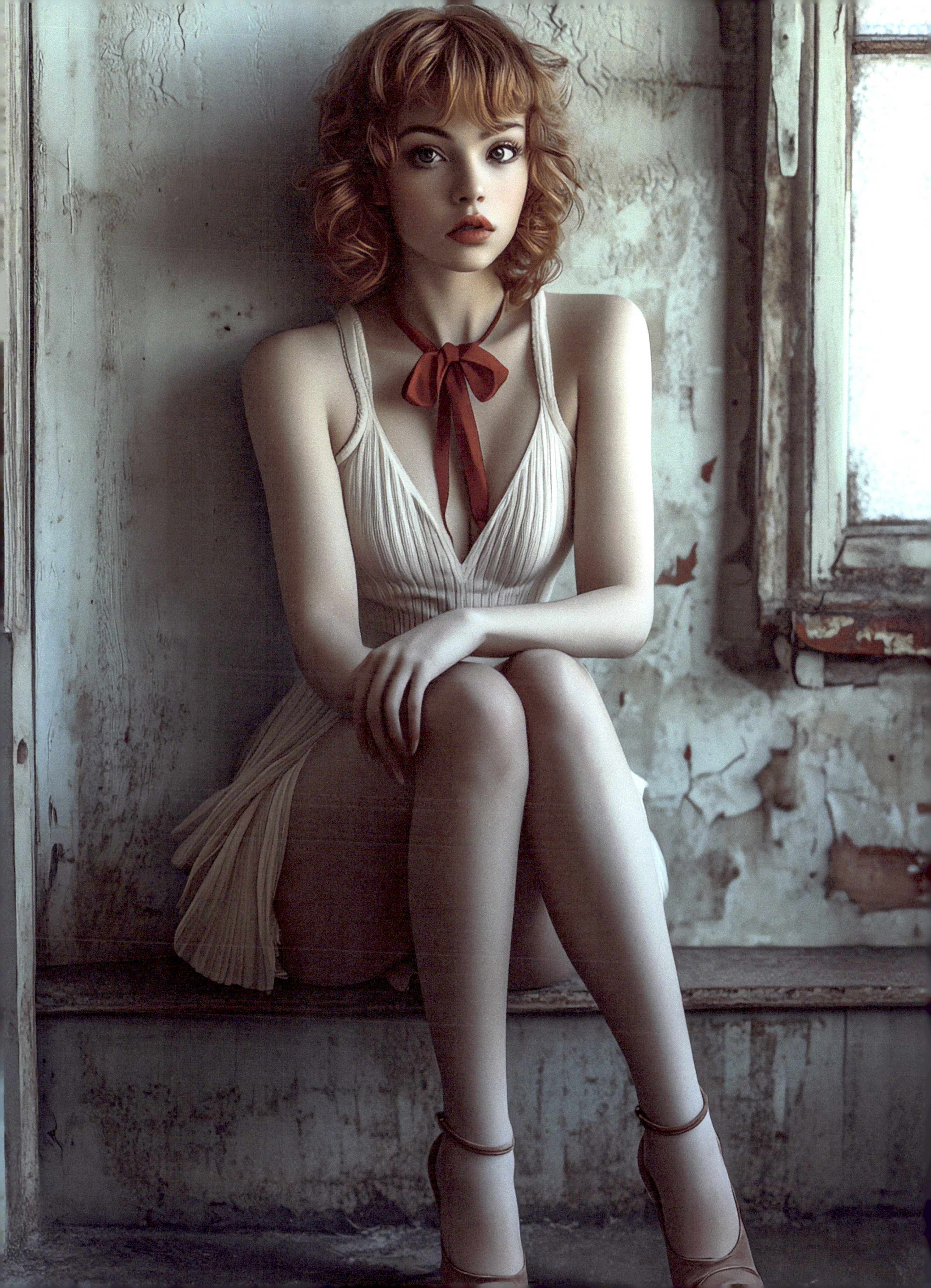

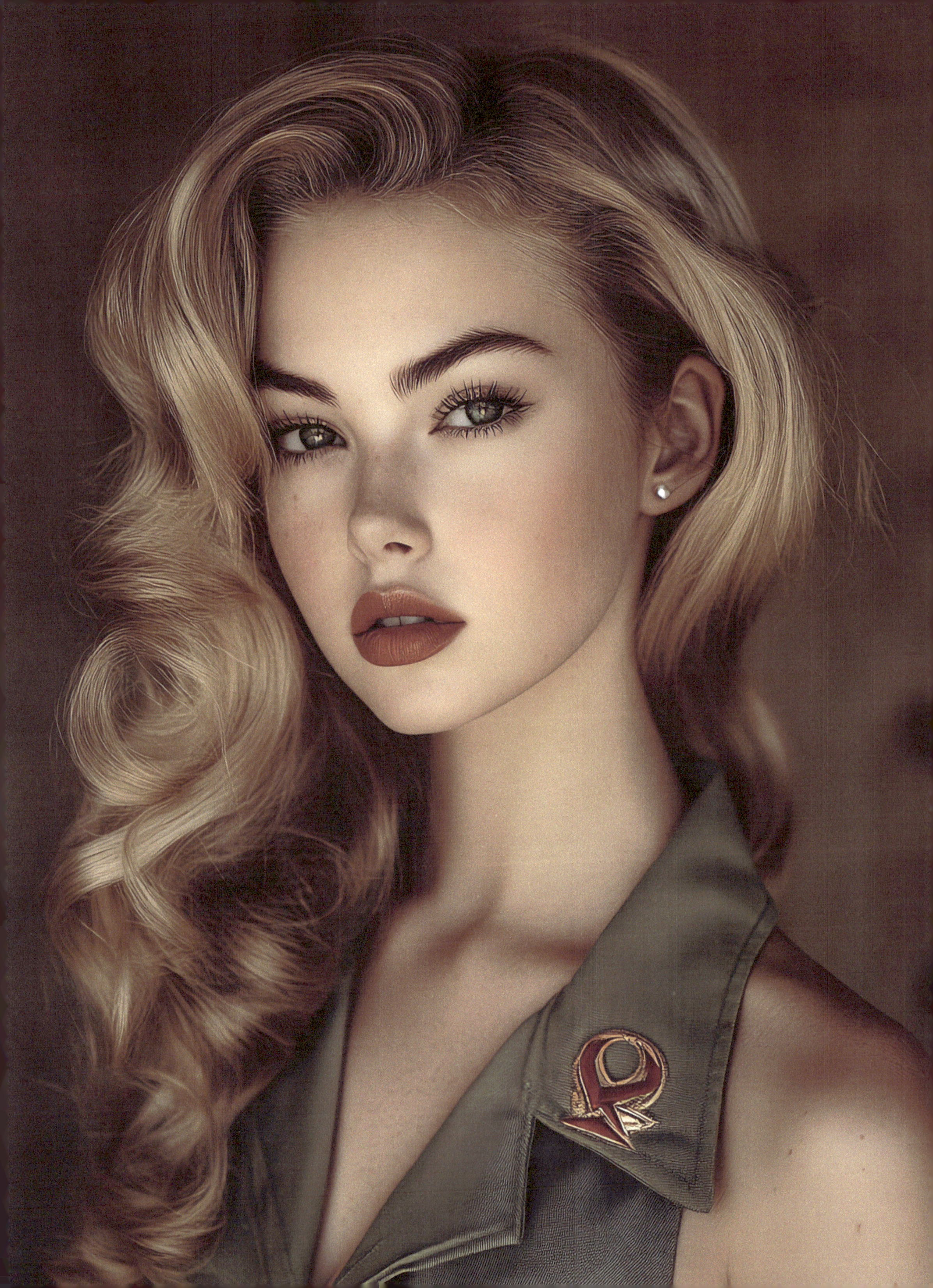

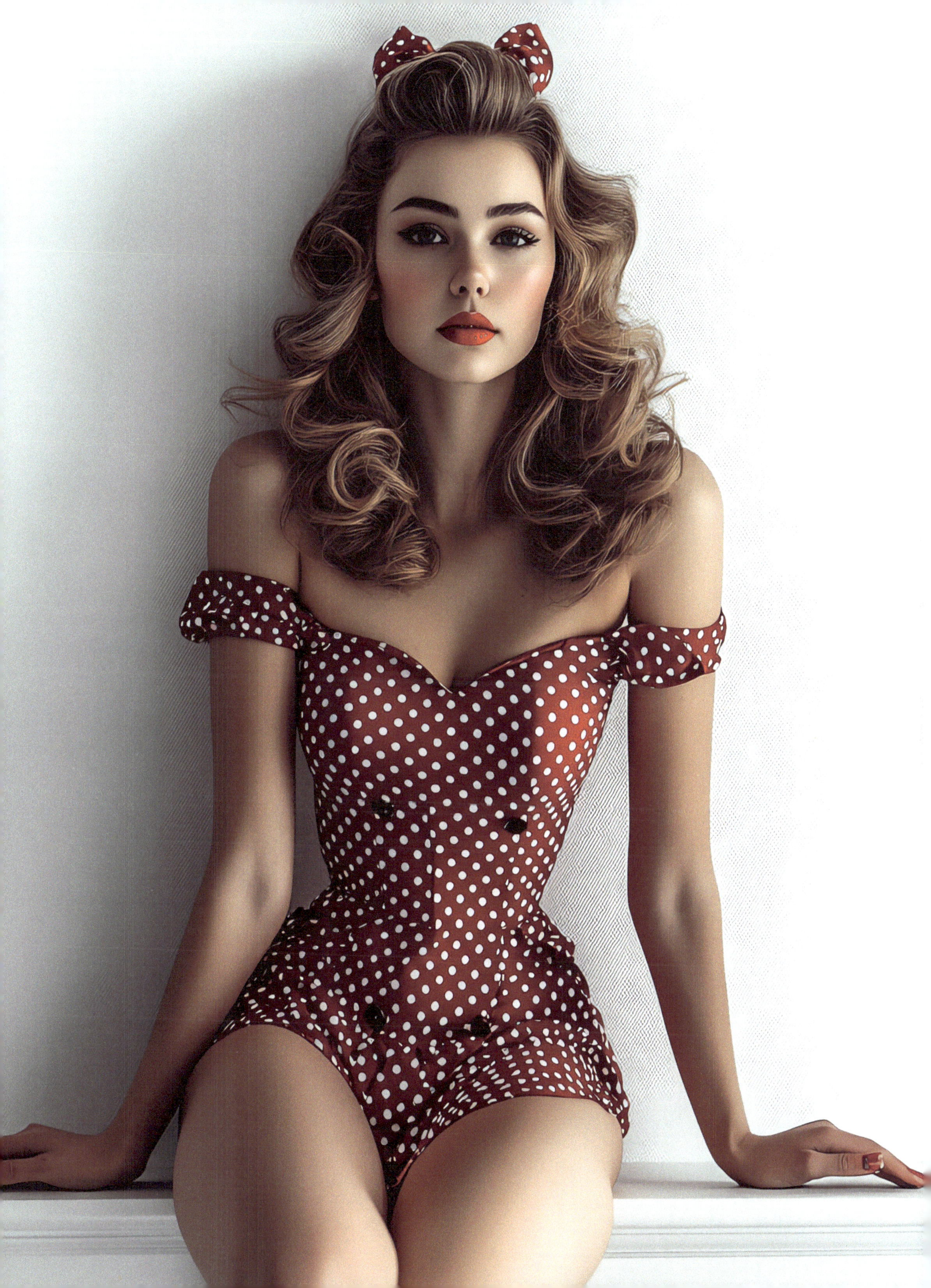

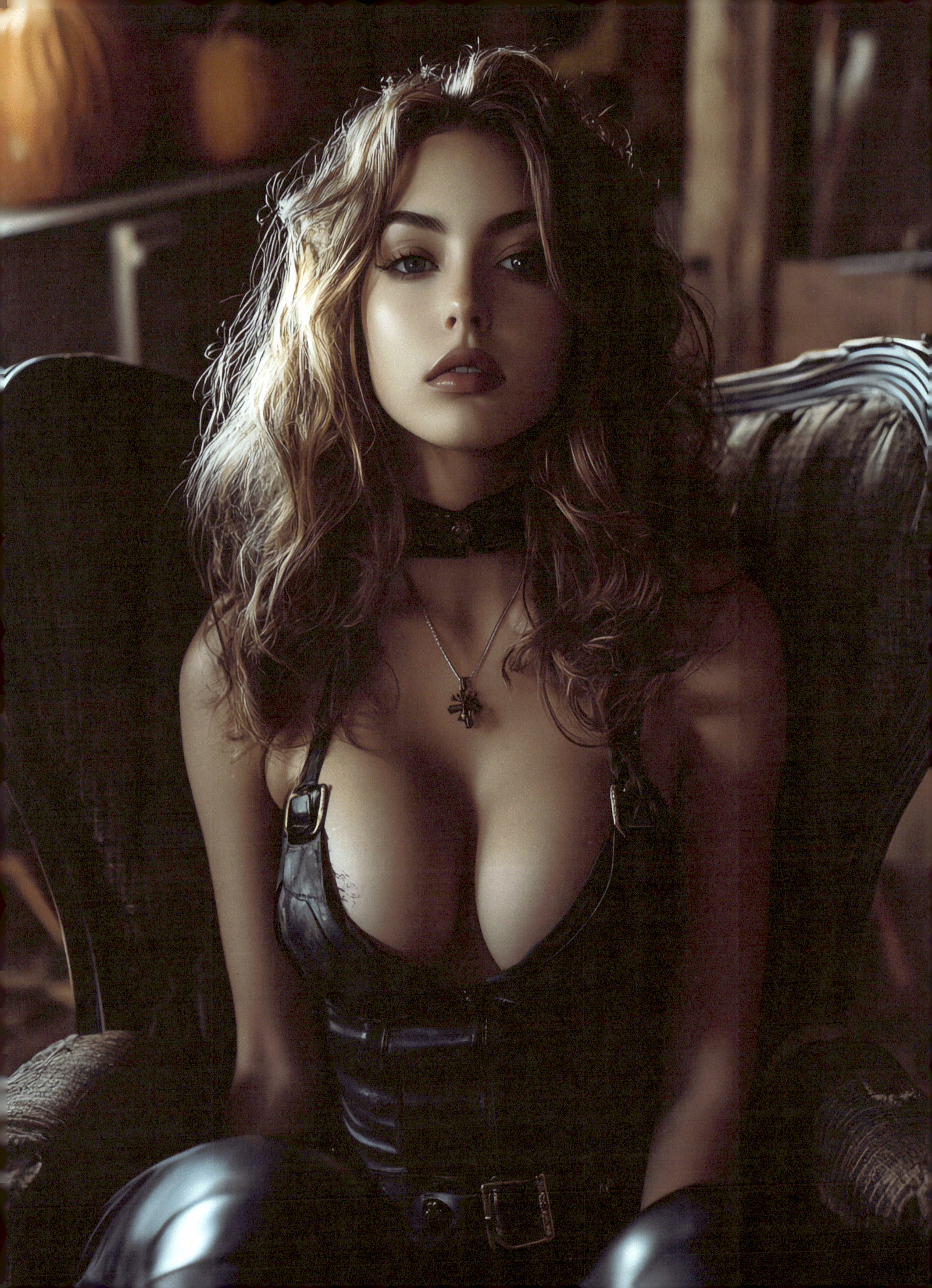

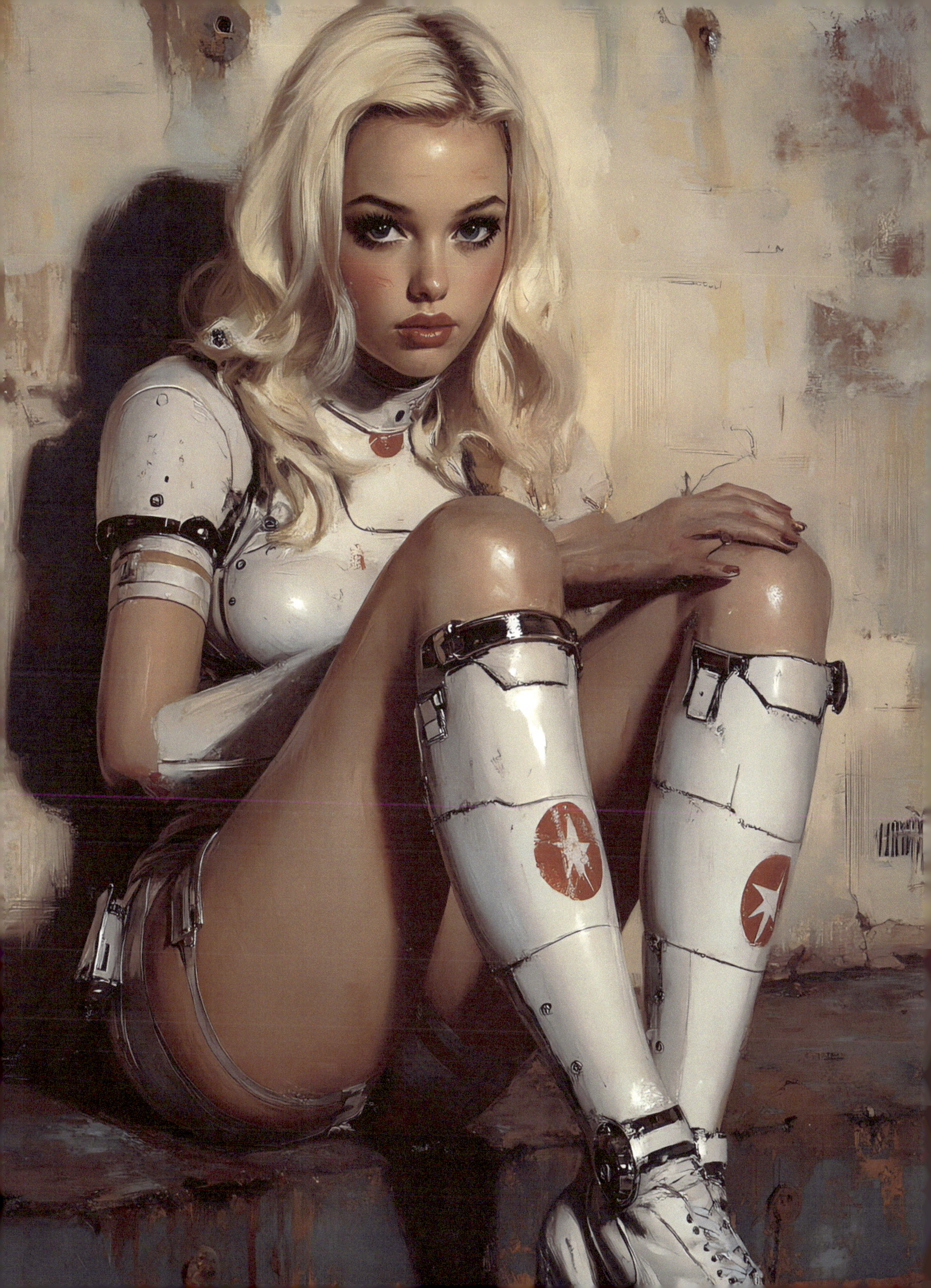

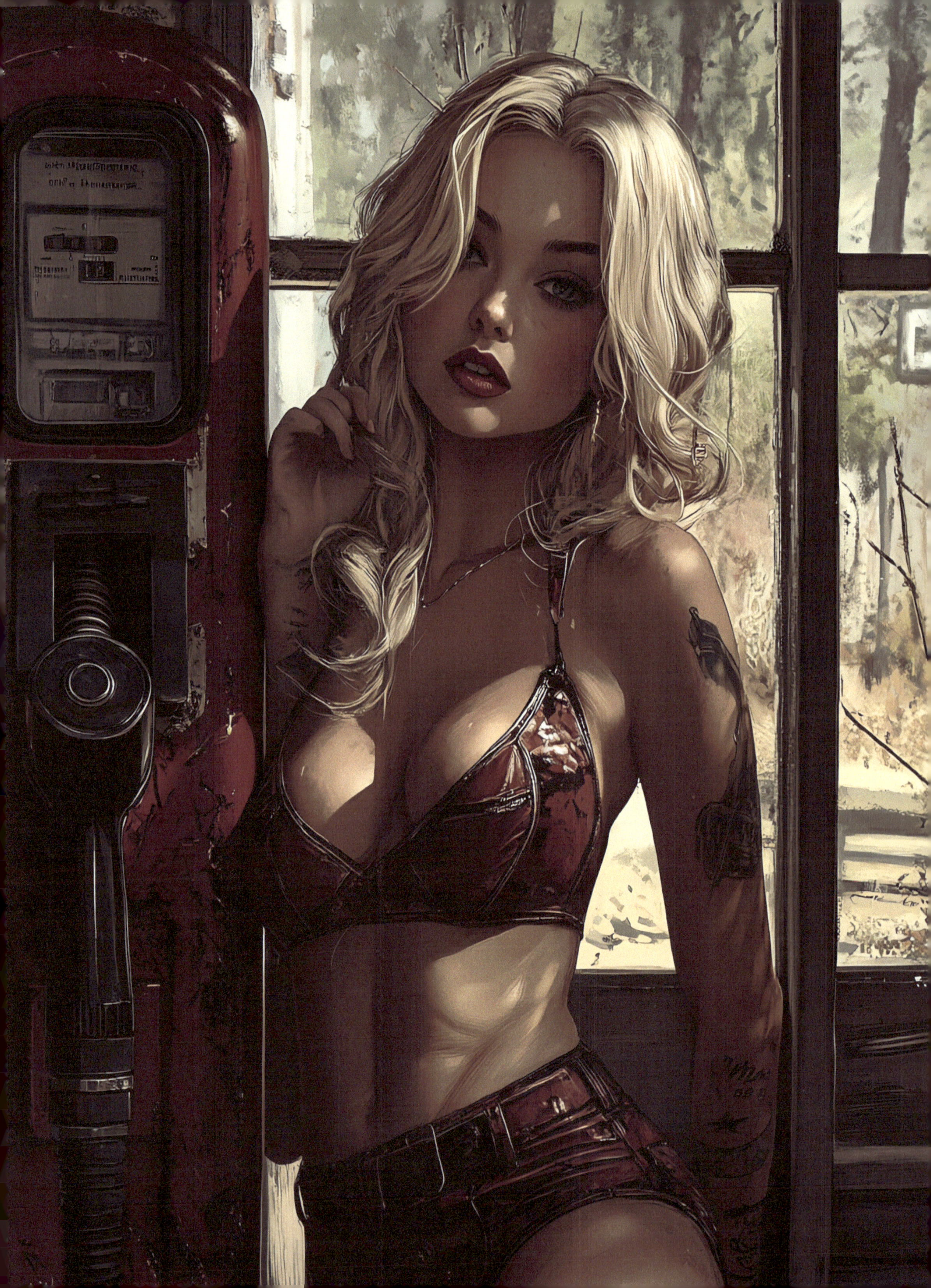

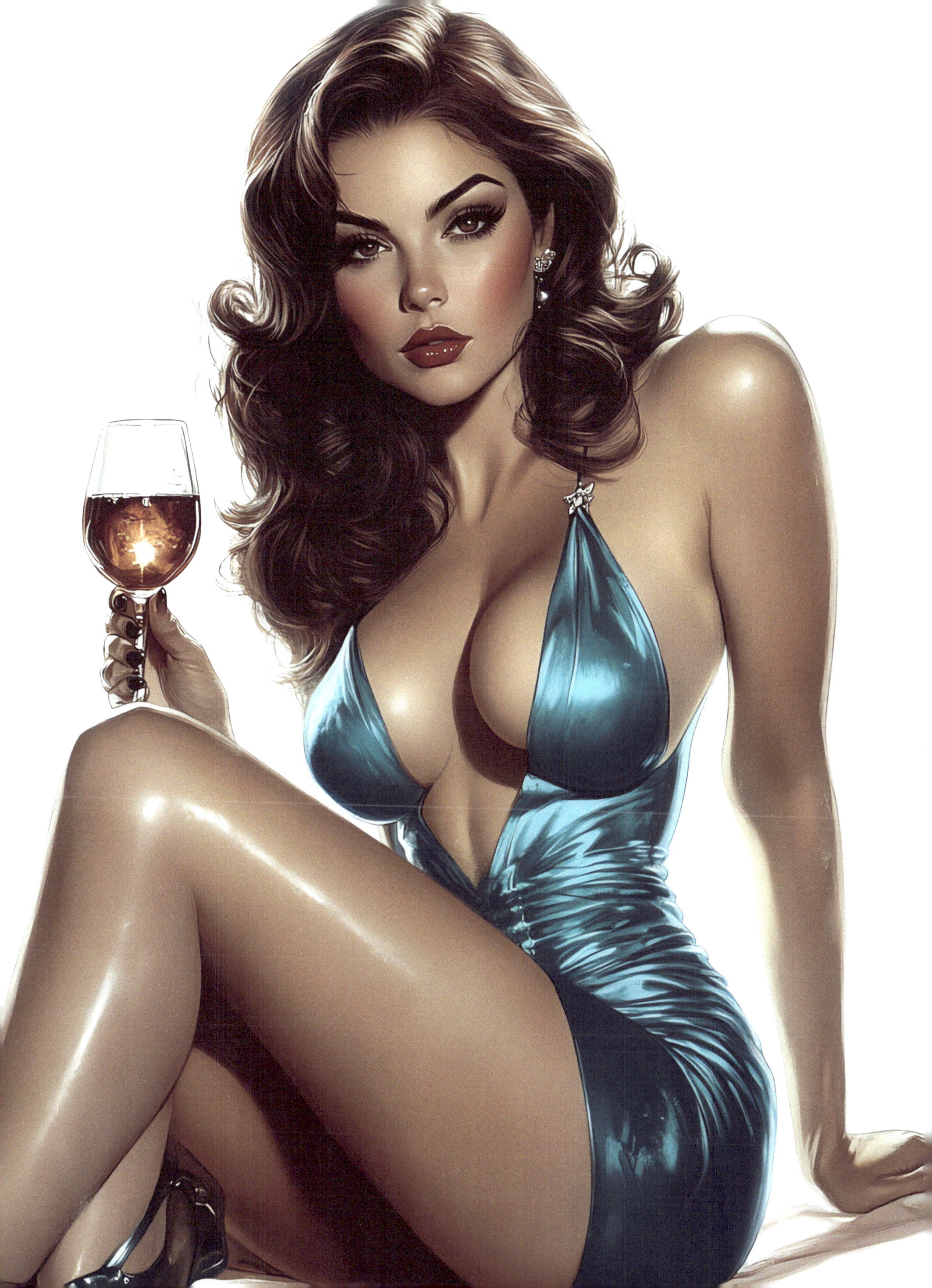

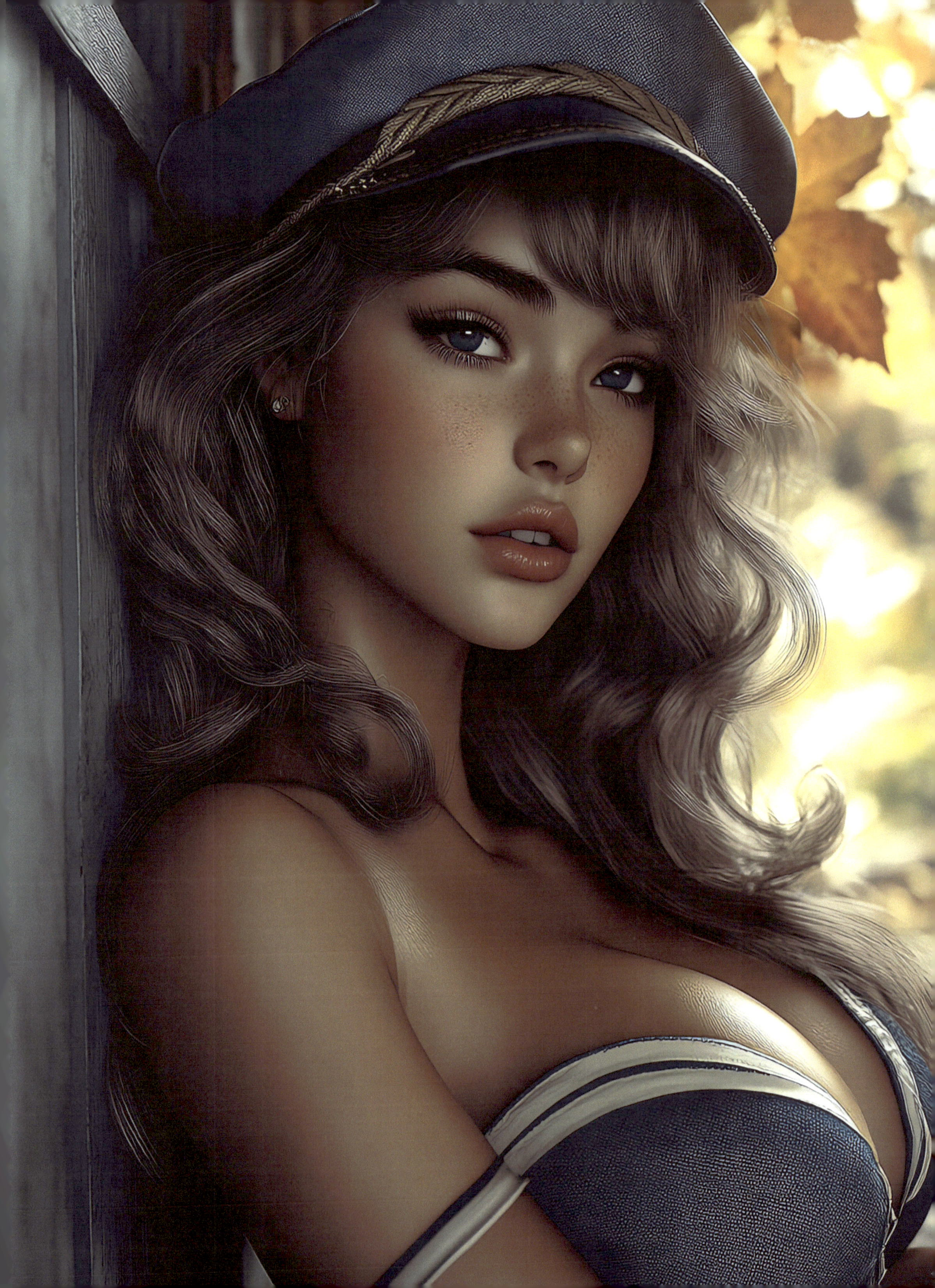

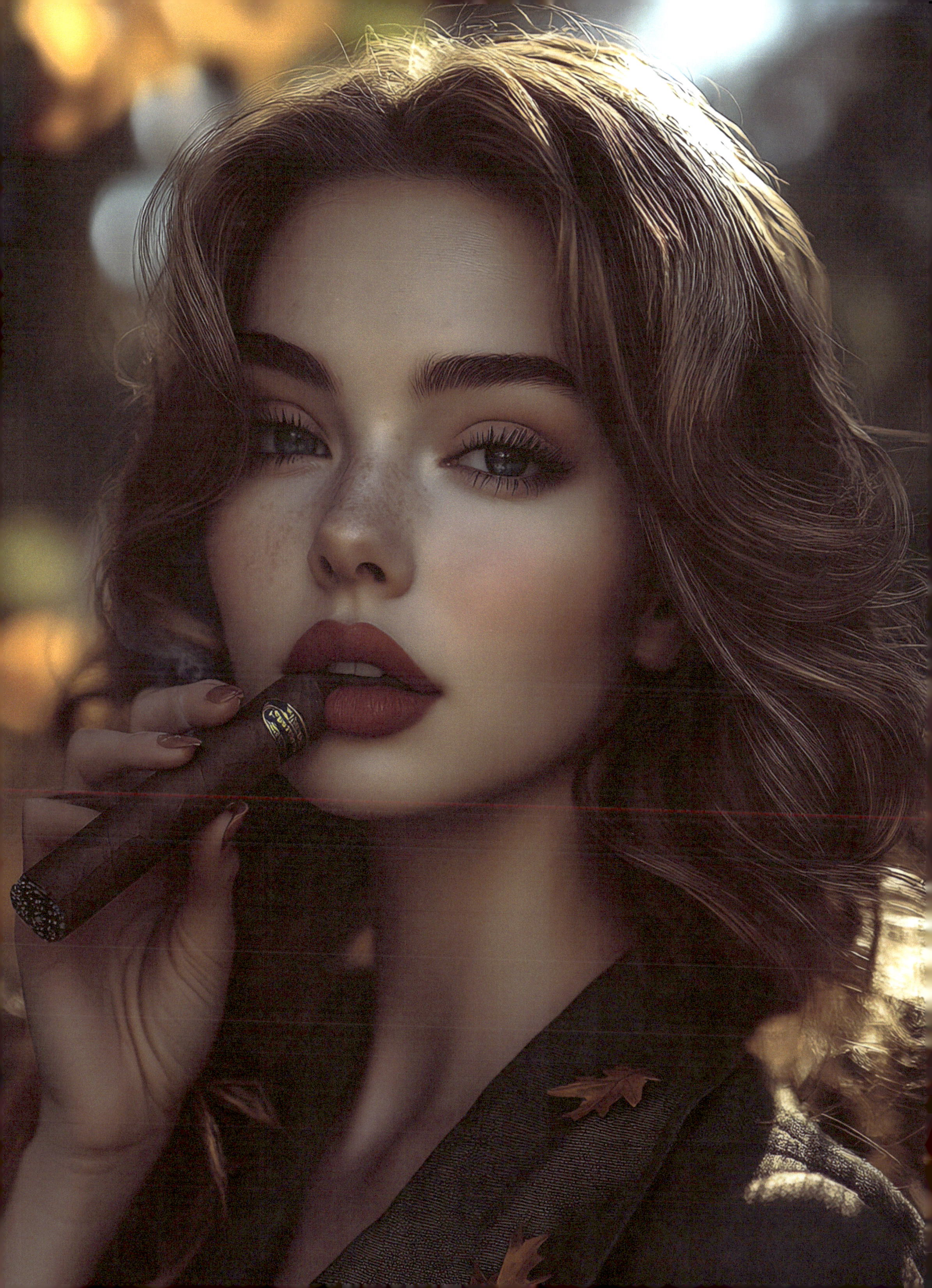

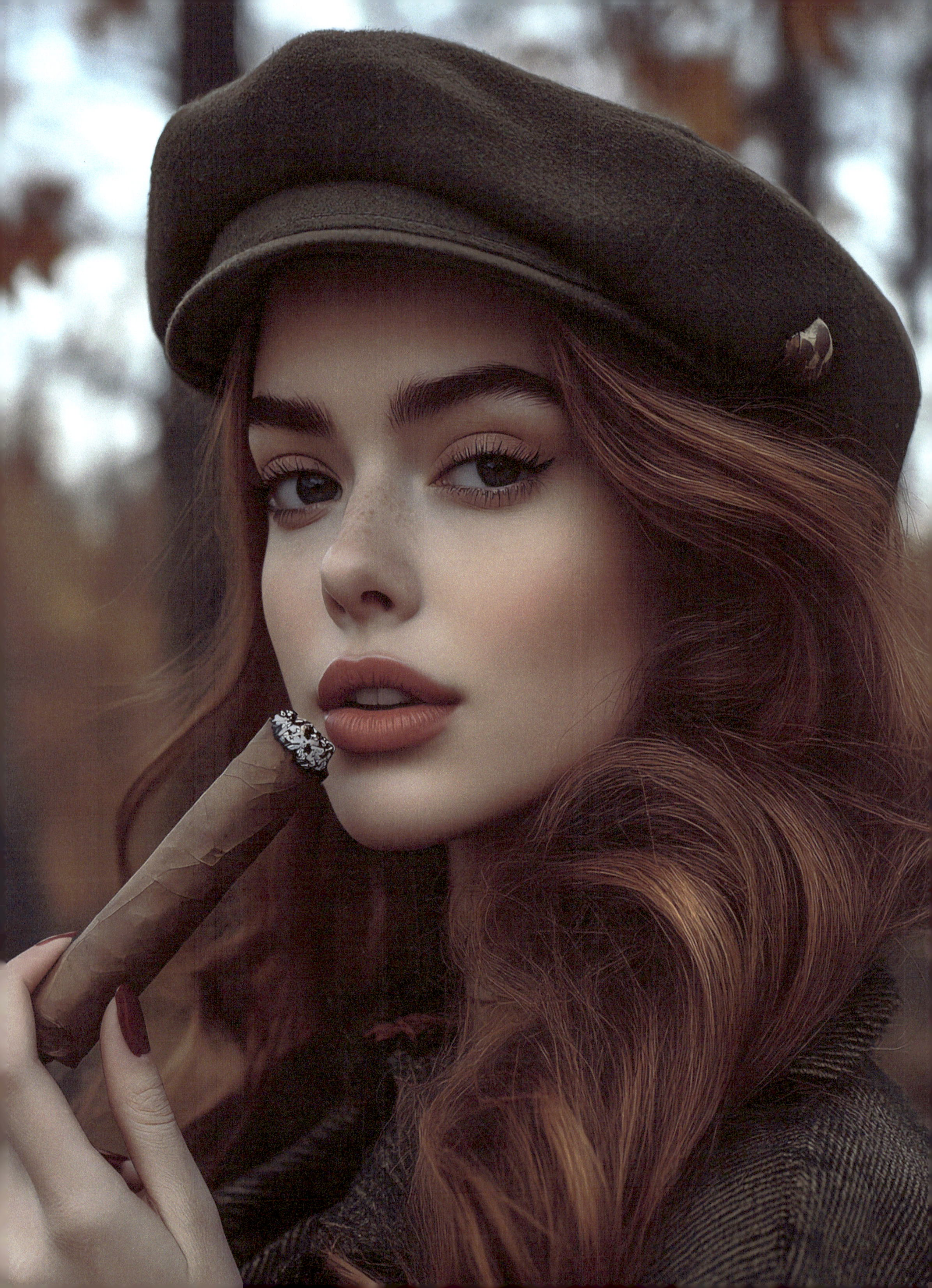

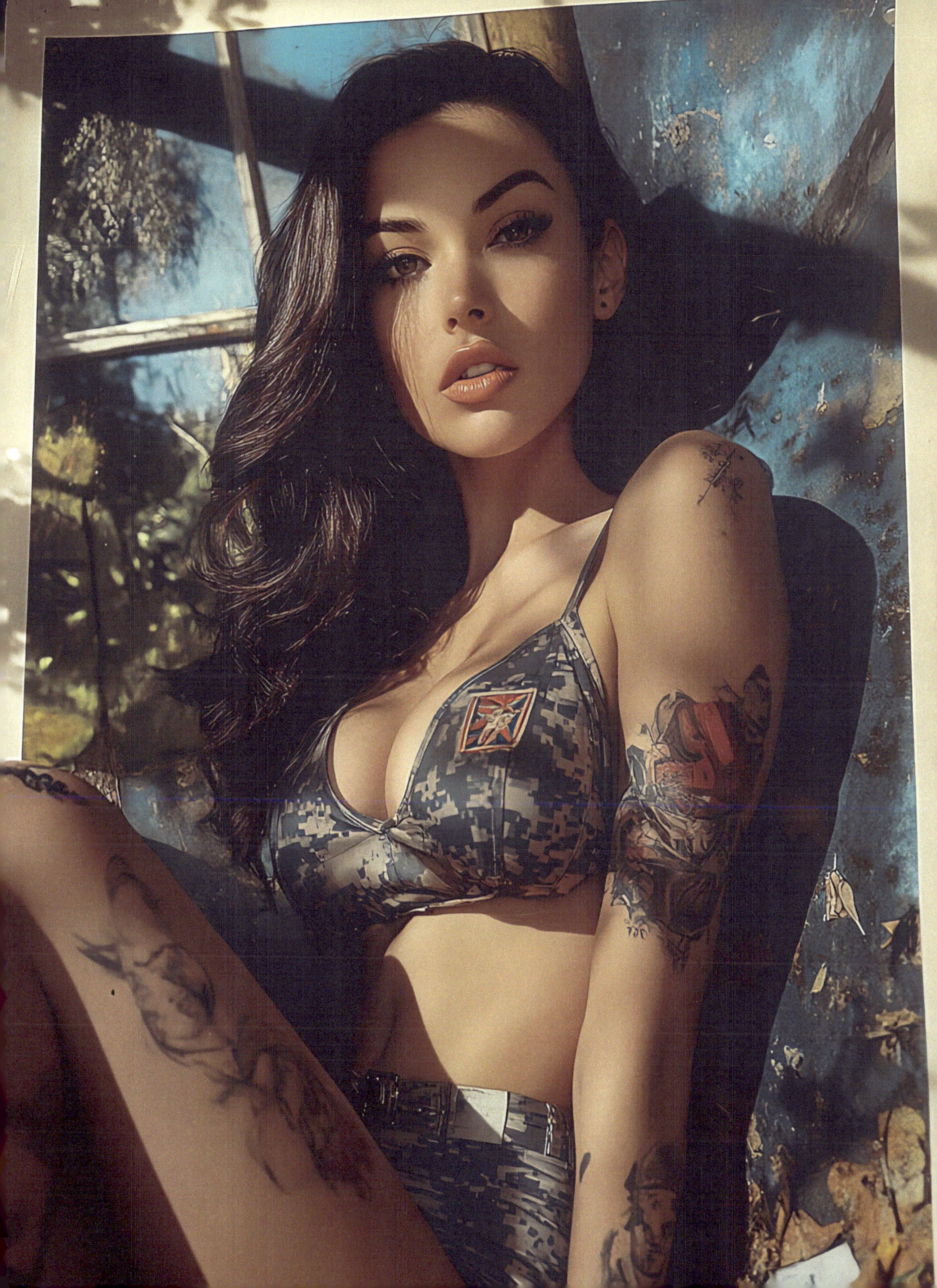

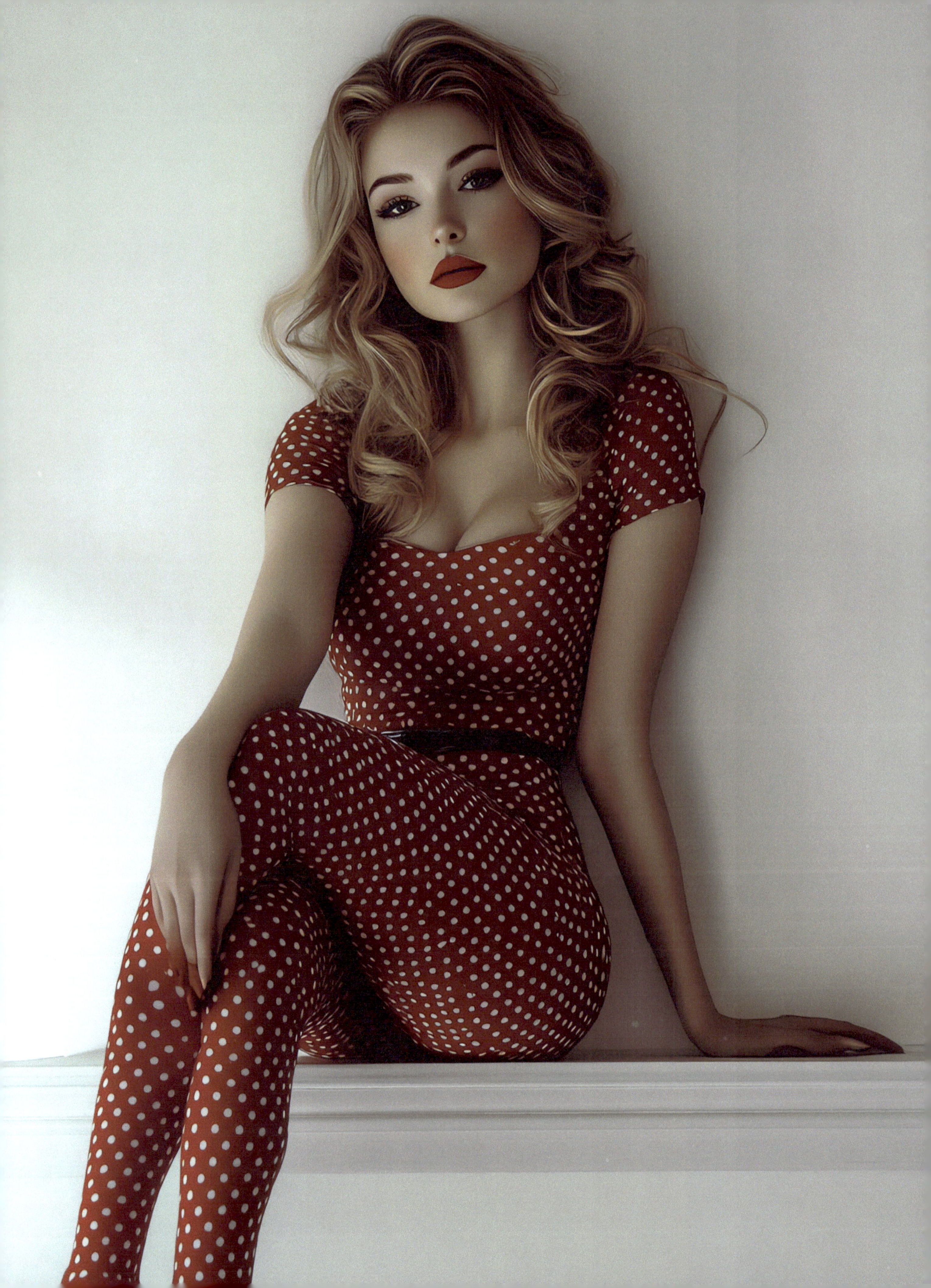

www.ingramcontent.com/pod-product-compliance
Lightning Source LLC
Chambersburg PA
CBHW040431220526
45473CB00004B/1405
* 9 7 9 8 3 0 1 2 2 1 5 8 3 *